Geld, Spekulation und Betrug. |

Eine Geschichte von Finanzspekulation und Betrug

Anddy Park

Über den Autor

Anddy Park (Young Su, Park)

Anddy ist CFO von Yuil technolgy investment, einer südkoreanischen Risikokapitalgesellschaft, und einer der führenden Manager ihres Risikokapitalfonds.

Er arbeitete als Risikokapitalgeber bei KDB Capital und als Wirtschaftsprüfer bei der Jo Eun Savings Bank. Er war auch CEO von Yuil Capital Partners und Careernet und verfügt über Fachwissen und Erfahrung in verschiedenen Bereichen, von der Unternehmensberatung über Risikokapital bis hin zur Verbraucherfinanzierung.

Während seiner 10-jährigen Tätigkeit als Führungskraft von Finanzinstituten hat er mehrere Fälle erlebt, in denen Veränderungen im makroökonomischen Umfeld das Schicksal von Finanzinstituten bestimmt haben.

Er hat viel darüber nachgedacht, wie man Wirtschaftskrisen überstehen kann, und begann sich für Fälle zu interessieren, in denen es um die Ursachen und Folgen von Wirtschaftskrisen ging, als er die Umstrukturierung von Finanzinstituten und Unternehmen in den Jahren 1997 und 1998 beobachtete, als Korea ein Rettungspaket des IWF beantragte. Dieses Buch ist das Ergebnis seines Interesses.

Der Absolvent der Wirtschaftsfakultät der Universität Korea arbeitet seit mehr als 30 Jahren in Finanzinstituten und im verarbeitenden Gewerbe und ist Autor des Buches The ABCs of Finance for Dummies.

Contents

Prolog

Kapitel 1 Geld verstehen und die Anfänge der Spekulation

Überlegungen zur Wirtschaftskrise

Der Begriff und die Ursprünge des Finanzwesens

Gründung und Entwicklung von Banken

FRB, (Federal Reserve Bank)

Währungssysteme und Zentralbanken

Wirtschaftskrisen, die durch eine übermäßige Emission von Währungen und eine Politik der Aufrechterhaltung der Wechselkurse verursacht werden

Inflation, Zinssätze und Wechselkurse

Quantitative Lockerung und moderne Geldtheorie (MMT)

Das erste Unternehmen entsteht

Die Währung und der Goldstandard

Konflikt um die Einführung des Gold- und Silberstandards in China

Der Konflikt zwischen dem Gold- und Silberstandard in den Vereinigten Staaten und der Zauberer von Oz

Wie der Dollar zur Reservewährung wurde

Der Unterschied zwischen Spekulation und Investition

Geschichte der Spekulation vor dem 17. Jahrhundert

Prolog

Es heißt, dass die Geschichte ein Spiegel der Zukunft ist. Das liegt daran, dass wir ähnliche Fälle in der Vergangenheit finden, sie analysieren und Hinweise darauf erhalten können, wie wir Probleme lösen oder Lösungen für Probleme finden können, die jetzt auftreten oder für die Zukunft erwartet werden.

Die Geschichte ist voll von Geschichten über die dem Geld innewohnenden Eigenschaften, die Wünsche derjenigen, die damit umgehen, und die Psychologie der Gier.

Diese Ereignisse und die Geschichten von Spekulanten, Investoren und Betrügern bieten eine Fülle von Inspirationen, die sich auf moderne Phänomene im Zusammenhang mit verschiedenen Finanz- und Investitionsformen anwenden lassen.

Von der holländischen Tulpenmanie im 17. Jahrhundert bis hin zu Ponzi-Schemata und anderen Formen des Anlagebetrugs haben Spekulation und Finanzbetrug, die aus der menschlichen Gier Kapital schlagen, stets alle Wirtschaftsakteure bedroht.

Vor allem im 18. Jahrhundert, als Frankreich und Großbritannien aufgrund der finanziellen Belastungen des Krieges schwere Finanzkrisen erlebten, haben die verschiedenen Vorschläge, die sie zur Lösung ihrer Schuldenkrisen in Erwägung zogen, viele Ideen für die heutige Zeit geliefert.

Das Platzen der Blasen der Mississippi Company und der South Sea Company, bei denen der Staat Staatsschulden gegen privates Eigenkapital tauschte, ähnelte im Wesentlichen den fremdfinanzierten Übernahmen, die heute bei der Sanierung notleidender Unternehmen üblich sind.

Die Idee, das Schuldenproblem des Staates durch den Tausch von privaten Staatsanleihen gegen Aktien staatlicher Unternehmen (SOEs) zu lösen, was den Aktienkurs der SOEs in die Höhe trieb und damit das Problem des Umlaufs von staatlich emittiertem Geld löste, dem man als Geld nicht vertraute, hat die Wirtschaftsgeschichte der Menschheit nachhaltig beeinflusst.

Die Idee, das Problem der Staatsverschuldung und des Geldumlaufs zu lösen, indem man sich die Spekulation der Anleger zunutze macht, und das in einer Zeit, in der der Kapitalismus noch nicht voll etabliert war, ist bemerkenswert. Ein bedauerlicher Nebeneffekt ist jedoch, dass die Methoden, die sie zur Stützung der Aktienkurse einsetzten, heute von ähnlichen Aktienmanipulationen übernommen wurden, die weitere Opfer fordern.

Im Laufe der Geschichte gab es viele Beispiele von Ländern, die aufgrund verschiedener Ausgabenfaktoren eine enorme Haushaltsverschuldung aufwiesen, und viele Menschen haben kreative Ideen zur Lösung dieser Haushaltskrisen entwickelt.
Nehmen wir an, die US-Regierung, die aufgrund der massiven Ausgabe von Staatsanleihen mit einer enormen Staatsverschuldung konfrontiert ist, bietet an, US-Staatsanleihen gegen Aktien eines staatlichen Unternehmens zu tauschen, um ihre Schuldenlast zu verringern.
Und was ist, wenn es sich bei diesem Staatsunternehmen um ein Unternehmen handelt, das die nächste große Erfindung im Bereich der selbstfahrenden Autos hat und dessen Aktienkurs durch die Decke geht, wie es bei Tesla der Fall war?

Die Aktie steigt von 10 auf 100 Dollar pro Aktie, und Menschen, Institutionen und Länder, die US-Staatsanleihen halten, strömen in Scharen herbei, um sie gegen Aktien eines staatlichen Unternehmens zu tauschen, das, wie Sie, profitabler ist als US-Staatsanleihen, richtig?

Was passiert, wenn der Aktienkurs von 100 Dollar weiter auf 1.000 Dollar steigt, sich dann aber herausstellt, dass die Technologie des Staatsunternehmens der von Konkurrenten wie Tesla unterlegen ist, und sich herausstellt, dass das Unternehmen keine Vision für die Zukunft hat, und der Aktienkurs wieder auf 100 Dollar und dann auf 10 Dollar sinkt?

Selbst heute wird im Rahmen der Umstrukturierung eines Unternehmens manchmal die Option eingeräumt, Anleihen in Aktien zu tauschen, aber ist es nicht erstaunlich, dass es bereits Leute gab, die die Idee hatten, dies auf nationaler Ebene zu tun, und die Geschichte zeigt uns die Ergebnisse und Auswirkungen?

Die Realität sieht jedoch so aus, dass bei einer Staatsverschuldung von über 31 Billionen Dollar und einem Bestand an Staatsanleihen von 25 Billionen Dollar der Umfang des US-Schatzamtes zu groß geworden ist, als dass die USA alle ihre 25 Billionen Dollar an Staatsanleihen in Aktien umtauschen könnten.

Wie wir aus der Tatsache ersehen können, dass Apple, die derzeitige Nummer eins der Börsenkapitalisierung in den USA, eine Marktkapitalisierung von nur 2,6 Billionen Dollar hat und LG Energy Solutions, die Nummer zwei der Börsenkapitalisierung in Südkorea, bei seinem Börsengang die Liquidität auf dem Aktienmarkt weggefegt hat, was die Nachfrage nach anderen Aktien reduzierte und den Anstieg des Aktienindexes verzögerte, scheint es unmöglich, eine solche Methode der Aktienumwandlung in der heutigen Zeit mit großen Nebenwirkungen und Verzweigungen umzusetzen.

John Laws Einsatz von Börsenspekulationen zur Lösung des Staatsschuldenproblems im 18. Jahrhundert, als die Finanzmärkte noch unterentwickelt waren, ist zwar umstritten, aber im Vergleich zu Spaniens Unfähigkeit, sein übermäßiges Staatsschuldenproblem zu lösen, das trotz eines massiven Zuflusses von Gold und Silber aus seinen lateinamerikanischen Kolonien zu einem Moratorium führte, erscheint John Laws Idee genial.

Dennoch ist John Law nicht davor gefeit, als Betrüger kritisiert zu werden, denn seine Aktienblase endete schließlich in einem Crash, der viele Opfer hinterließ, und seine Geschichte als Glücksspieler ist verdächtiger als seine Integrität als Wirtschaftswissenschaftler.
Man fragt sich, was passiert wäre, wenn die Mississippi Company in der Lage gewesen wäre, aus den Erschließungsrechten des Louisiana-Territoriums Kapital zu schlagen, und als Wachstumsunternehmen und nicht als Blase überlebt hätte, das seinen Anlegern Dividenden und Anlagegewinne beschert hätte.

Noch immer wird darüber diskutiert, ob John Law ein Wirtschaftswissenschaftler und Finanzier war, der das wirtschaftliche Leben des einfachen Volkes durch die Ausweitung des Angebots an nicht konvertierbarem Geld bereichern wollte, oder ob er ein Nachahmer und Betrüger war, der, anstatt mit seinen brillanten Ideen stabile Einkommensmöglichkeiten für die französische Aristokratie zu schaffen und das Schuldenproblem des Landes zu lösen, das Geld zahlloser gescheiterter Anleger stahl.

Das Platzen von Börsenblasen ist eigentlich ein klassisches Finanzereignis mit einer langen Geschichte, denn es gibt sie schon seit dem Aufkommen der Aktiengesellschaften.

Als die niederländische und die britische Ostindien-Kompanie in See stachen und von ihren Reisen durch Indien und Südostasien Gewürze und Edelsteine mitbrachten, schnellten die Aktienkurse dieser Unternehmen in die Höhe.

Investitionen in die Aktien dieser Gesellschaften waren jedoch ein riskantes Alles-oder-Nichts-Geschäft, da sie auf ihren langen Reisen oft mit Naturkatastrophen wie Taifunen und Wirbelstürmen zu kämpfen hatten und von Kämpfen mit islamischen Kräften und der einheimischen Bevölkerung in den bereisten Gebieten oft nicht unversehrt zurückkehrten.

Und die bereits erwähnten französischen und britischen Seifenblasen profitierten von vagen Fantasien über die Kolonisierung Amerikas.

In ihren Werbespots für Menschen, die noch nie in der Neuen Welt waren, behaupteten sie, dass die Neue Welt voller Edelmetalle wie Gold und Silber sei, die in Europa nicht vorkämen, und dass die Entführung von Eingeborenen aus Afrika und deren Verkauf nach Lateinamerika ihnen ein Vermögen einbringen würde.

Dieses vage und unbewiesene Ertragsmodell erwies sich jedoch als unrentabel.

Nachdem die lateinamerikanischen Länder in den 1820er Jahren unabhängig geworden waren, wandten sie sich an Europa, um ihre Defizite zu finanzieren. Die Fantasie der lateinamerikanischen Länder machte ihre Staatsanleihen in Europa populär.

Obwohl die Renditen nicht bewiesen waren, waren die Länder reich an Goldminen und anderen Ressourcen, so dass es schien, dass sie bald reich werden würden.

Es gab jedoch zu viele Hindernisse, die verhinderten, dass sich das vage Ertragsmodell in soliden Renditen niederschlug, darunter politische Instabilität und Korruption in den lateinamerikanischen Ländern und zu viele Zwischenhändler.

Seit Anfang bis Mitte des 19. Jahrhunderts hat die industrielle Revolution im Vereinigten Königreich einen Boom in Wissenschaft und Technik ausgelöst. In Südkorea führte die Risikofreude der frühen 2000er Jahre zu einem Boom bei Investitionen in Unternehmen, die dieselben Technologien und Ideen nutzen.

Unter ihnen führte die Eisenbahn den Boom bei der Kommerzialisierung der Wissenschaft an, und es gab einen Boom bei der Entwicklung von Eisenbahnen und der Gründung von Eisenbahnunternehmen. Ähnlich wie bei der Dot-Com-Blase der 2000er Jahre in den Vereinigten Staaten wucherten die Eisenbahngesellschaften, und ihre Aktien und Anleihen fanden reißenden Absatz.

Doch als sich das Überangebot an Eisenbahnen als unrentabel erwies und die Technologie der Unternehmen sich als Hirngespinst herausstellte, begann die Blase zu platzen.

Dasselbe geschah während des Börsenbooms vor dem großen Crash von 1929. Ideen waren allgegenwärtig, und Technologien, die bei ihrer Vermarktung ein Vermögen zu verdienen schienen, lockten Investoren an. In dem Glauben, dass die Technologie die Zukunft verändern würde, stürzten sich die Anleger auf die Technologie, und die Narben der Technologieblase waren verheerend.

Die Geschichte des Börsenhypes - dass eine Technologie so gut ist, dass sie riesige Renditen garantiert, oder dass ein Unternehmen durch die Erschließung einer Goldmine, einer Silbermine, eines Ölfeldes oder einer anderen Ressource ein Vermögen machen wird, oder dass ein Unternehmen eine Schatzkammer gefunden hat und Investoren braucht, um sie zu finanzieren - gibt es seit dem Aufkommen des Aktienmarktes, und sie hat immer Blasen erzeugt.

Und wie eine Lüge verschwindet die Blase immer spurlos und hinterlässt nur die Opfer, die all ihr hart verdientes Geld verloren haben.

Blasen an der Börse haben eine lange Geschichte. Wenn Sie sich die aktuelle Blase genau ansehen, werden Sie Ähnlichkeiten mit früheren Blasen feststellen. Die Gegenwart ist eine Wiederholung der Vergangenheit, und die Zukunft wird wahrscheinlich eine Wiederholung der Gegenwart und der Vergangenheit sein.

Im Mittelpunkt dieses Buches stehen Finanzfälle inmitten einer Reihe von Wirtschaftskrisen.

Während des Schreibens des Buches wuchs der Umfang und wurde zwangsläufig in vier Bänden abgeschlossen. Teil 1 beginnt mit einer allgemeinen Zusammenfassung und Gliederung der Fälle von Wirtschaftskrisen, wobei der Schwerpunkt auf dem grundlegenden Hintergrund und Wissen zum Verständnis dieser Fälle liegt.

Teil 2 enthält Fälle, die mit Wirtschaftskrisen zusammenhängen, von der Tulpenmanie in den Niederlanden bis zur Landspekulationsblase in Florida vor der Großen Depression von 1929, und fügt repräsentative Fälle von Finanzbetrug hinzu, die sich auf Ponzi-Schemata konzentrieren.

Teil 3 fasst Wirtschaftskrisen zusammen, beginnend mit der Weltwirtschaftskrise von 1929, dem Platzen der japanischen Blase 1990 und der asiatischen Finanzkrise von 1997.

Teil 4 befasst sich mit dem Antrag Südkoreas auf ein IWF-Rettungspaket im Jahr 1997, der globalen Finanzkrise von 2007 und dem Konkurs von Akegos Capital im Jahr 2021 und gibt einen Überblick über die psychologischen Theorien der Spekulation.

Wir glauben, dass die Geschichten über die durch Gier verursachten Blasen und die Überwindung der zahlreichen Finanz- und Wirtschaftskrisen, die darauf folgten, vielen Menschen eine Überlebensweisheit für die Gegenwart und Einsichten in den Umgang mit Wirtschaftskrisen in einer ungewissen Zukunft vermitteln werden.

Kapitel 1

Geld verstehen und die Anfänge der Spekulation

Überlegungen zur Wirtschaftskrise

1. Überblick über die Wirtschaftskrise

Eine Wirtschaftskrise ist eine Situation, in der eine Wirtschaft einen schwerwiegenden Abschwung oder eine Störung mit negativen Folgen für Einzelpersonen, Unternehmen und Regierungen erlebt, z. B. hohe Arbeitslosigkeit, Konkurse, Instabilität der Finanzmärkte, Rückgang des BIP, Inflation oder steigende Schulden.

Es gibt viele Faktoren, die eine Wirtschaftskrise auslösen können, z. B. finanzielle Ungleichgewichte, staatliche Maßnahmen, Devisenknappheit, das Platzen von Blasen, Veränderungen im Welthandelsgefüge, politische Unruhen, Naturkatastrophen oder andere unerwartete Ereignisse.

Der Schweregrad einer Wirtschaftskrise kann je nach Tiefe und Dauer der Rezession von leicht bis schwer reichen.

Können also die jüngsten Konkurse der US-Finanzinstitute Silicon Valley Bank, Signature Bank und Silvergate Bank sowie die Fusion von UBS und Credit Suisse als Wirtschaftskrisen betrachtet werden?

Wie in der nachstehenden Erörterung von Wirtschaftskrisen erwähnt, gibt es viele Arten von Wirtschaftskrisen, z. B. den Konkurs von Finanzinstituten als direkte Folge des Platzens der Immobilienblase, durch übermäßige Staatsverschuldung verursachte Steuerkrisen, durch Devisenknappheit verursachte Devisenkrisen, komplexe Wirtschaftskrisen, die durch zunehmende Handelsungleichgewichte verursacht werden, oder allgemeine Wirtschaftskrisen, die durch politische Instabilität verursacht werden.

Darüber hinaus werden moderne Wirtschaftskrisen oft durch eine Kombination mehrerer Kategorien verursacht, und ihre Behebung erfordert oft eine Kombination von Rezepten.

Wenn wir uns jedoch vergangene Wirtschaftskrisen ansehen, können wir Ähnlichkeiten zur aktuellen Situation feststellen, und wenn wir uns die Ergebnisse und Auswirkungen vergangener Krisen ansehen, können wir einige Vorhersagen über die Ergebnisse aktueller Maßnahmen treffen.

Im Fall der Finanzkrise wurde die Deregulierung im Vorfeld der Krise immer als eine der Ursachen genannt.
Viele argumentieren, dass diese Deregulierung auch zu den Insolvenzen von Banken im Silicon Valley und anderen beigetragen hat.

Sie verweisen auf die Deregulierung der systemrelevanten Finanzinstitute

(SIFIs), wie sie im Dodd-Frank Act, dem schärfsten US-Finanzregulierungsgesetz, das nach der globalen Finanzkrise von 2008 erlassen wurde, festgelegt wurde.

SIFIs sind systemrelevante Finanzinstitute. SIFIs sind Finanzinstitute, die eine Bedrohung für die Stabilität des gesamten Finanzsystems darstellen, wenn sie insolvent werden oder unter Liquiditätsrisiken leiden.

Als solche gelten sie als sehr wichtig für die Finanzmärkte und die Wirtschaft als Ganzes und unterliegen einer strengen Regulierung und Aufsicht.

Diejenigen, die argumentieren, dass die Deregulierung zur aktuellen Krise beigetragen hat, verweisen auf die im Gesetz festgelegte Einstufung von SIFIs als Institute mit einer Bilanzsumme von 50 Milliarden Dollar oder mehr, die von der Trump-Administration auf mehr als 250 Milliarden Dollar angehoben wurde, wodurch viele mittelgroße und große Institute von der Regelung ausgeschlossen wurden.

Experten haben argumentiert, dass diese Deregulierung zu einer Verschlechterung der Liquiditäts- und Kapitallage kleiner und mittelgroßer Banken geführt hat, da viele von ihnen nicht mehr den strengen Kapitalanforderungen oder der Aufsicht durch die Federal Reserve unterliegen.

2. Ein Rückblick auf frühere Wirtschaftskrisen im 20.

Wenn wir uns an die holländische Tulpenmanie erinnern, die die erste Blase zum Platzen brachte, als der Preis einer einzigen Tulpe dem Preis eines ganzen Hauses entsprach, kam es zu einem Überangebot an Tulpen, da die Menschen, die hofften, mit Tulpen reich zu werden, mit deren Anbau begannen. Dieses Überangebot drückte den Tulpenpreis nach unten, und die Tulpenanleger machten große Verluste.

Wenn wir jedoch etwas tiefer blicken, zeigt die Blase im Tulpenpreis, dass viel Handel betrieben wurde und viel Geld, Gold und andere Handelsmittel im Umlauf waren.

Aus heutiger Sicht könnte man sagen, dass es ein Überangebot an Geld gab. Zu dieser Blase wäre es nicht gekommen, wenn die Niederländer aufgrund ihres Glaubens an eine intensive Landwirtschaft nicht Handel und Gewerbe entwickelt hätten.

Als die Niederlande ihre Unabhängigkeit von Spanien erlangten, befürworteten viele den Merkantilismus. Infolgedessen florierte der Außenhandel, und Kapital aus dem Ausland floss ein.

Es wurden Aktiengesellschaften gegründet, Privatbanken entstanden, der Bedarf an einer Zentralbank entstand, und man erkannte die Notwendigkeit einer Alternative zum Gold.

Betrachtet man die Situation aus heutiger Sicht, so führte das Überangebot an Geld zu einer Inflation, und während die Menschen heute in Immobilien, Aktien und Münzen investieren würden, investierten sie damals in Tulpen.

Hätten wir wie heute ein von einer Zentralbank verwaltetes Geldsystem, hätten wir versucht, die Inflation einzudämmen, indem wir die Zinssätze erhöht und die Geldmenge verringert hätten, um den Menschen zu helfen, die unter der übermäßigen Inflation litten.

Das Finanzsystem war jedoch noch nicht entwickelt, so dass es der natürlichen Preisanpassungsfunktion überlassen war.

Wenn man sich den Grundsatz vor Augen hält, dass der Preis einer Ware durch Angebot und Nachfrage bestimmt wird, dann wird der Preis für Tulpen steigen, wenn sie knapp sind und immer noch einen Seltenheitswert haben, und er wird natürlich sinken, wenn der Preis steigt und die Leute anfangen, sie zu züchten, und es ein Überangebot gibt.

In einer Gesellschaft mit einem entwickelten Finanzsystem hätten die Geschäftsbanken den Käufern Geld geliehen und dabei Tulpen als Sicherheiten verwendet, und die Investmentbanken hätten diese Kredite gebündelt und verbrieft, um verbriefte Wertpapiere wie Tulip-Backed Security (TBS) zu schaffen.

Sie hätten die Tulpen auch in die Stufen 1, 2 und 3 eingeteilt, basierend auf der Qualität der Tulpe, und hätten Gräben geschaffen, indem sie Hypotheken auf Tulpen der Stufe 3, die von Leuten mit weniger Geld und geringerer Kreditwürdigkeit gekauft wurden, mit Hypotheken auf Tulpen der Stufe 1, die von Leuten mit mehr Geld und höherer Kreditwürdigkeit gekauft wurden, gemischt hätten.

Dann kreieren sie Derivate wie Collateralized Debt Obligations (CDOs), d. h. mit Schuldtiteln besicherte Wertpapiere, die je nach Rückzahlungsreihenfolge in vorrangige, mittlere und nachrangige Tranchen unterteilt werden, erhalten ein Rating und verkaufen sie an Anleger.

Versicherungsgesellschaften hätten Zahlungsgarantien, wie Credit Default Swaps (CDS), bereitgestellt, die entweder nur Unternehmen (wie Monoline) oder Privatpersonen (wie Multiline) abdecken, um die Kreditwürdigkeit zu erhöhen.

Als dann der Tulpenpreis aufgrund eines Überangebots an Tulpen einbrach, wären die Kreditnehmer mit einem Rating von 3 in Verzug geraten oder hätten Konkurs angemeldet. TBS, CDOs und andere Derivate wären kaskadenartig in den Abwärtsstrudel geraten und hätten Investment- und Geschäftsbanken gefährdet, und Versicherungsgesellschaften hätten unter den Forderungen aus CDS gelitten.
Damals war das Finanzsystem jedoch noch nicht so weit entwickelt wie heute, so dass es nicht zum Zusammenbruch von Finanzinstituten und damit auch nicht zu einer nationalen Wirtschaftskrise kam.
Das Gleiche gilt für das Platzen der Blasen der französischen Mississippi-Kompanie und der britischen Südsee-Kompanie im frühen 18.

Diese Ereignisse waren jedoch nur möglich, weil sie vom Staat geführt wurden und die Last des Staates auf den privaten Sektor übertragen wurde, und weil es sich um feudale Dynastien handelte und nicht um Demokratien mit Wahlen, wie wir sie heute haben.

Krieg war eine teure Angelegenheit, auch in der Neuzeit und im Mittelalter. Kriege, die nicht durch wirtschaftliche Macht gestützt werden, sind nicht zu gewinnen und erfordern immer mehr Geld als erwartet.

Selbst die Vereinigten Staaten, die nach wie vor die Weltreservewährung sind und als einziges Land Geld drucken können, sind durch die übermäßige Staatsverschuldung belastet, die mit einem unbegrenzten Vorrat an Dollars einhergeht - wie war es also mit England und Frankreich im Mittelalter?

Aufgrund der hohen Staatsverschuldung, die durch die häufigen Kriege verursacht wurde, verfügten England und Frankreich nicht über eine vertrauensbasierte Währung wie den modernen US-Dollar.

Glücklicherweise war das Umfeld nicht so globalisiert wie heute, und da es mehr inländische als ausländische Gläubiger gab, führte dies nicht zu einer großen Wirtschaftskrise.

Das Problem der übermäßigen Staatsverschuldung und der übermäßigen

Zinszahlungen musste jedoch irgendwann angegangen werden, und es waren Ökonomen wie John Rawls, der aus Schottland nach Frankreich kam, die eine Lösung vorschlugen.

John Law wollte eine nationale Währung herausgeben, die nicht durch Edelmetalle wie Gold oder Silber gedeckt war, die einen eigenen Wert hatten, sondern nur durch den Kredit des Staates in Umlauf gebracht werden konnte. Um dies zu erreichen, wollte er eine Zentralbank gründen und ein System einführen, in dem die Zentralbank die Geldmenge durch die Befugnis zur Ausgabe kontrollieren würde.

Aufgrund des damaligen Wirtschaftsklimas vertrauten die Investoren dem Staat jedoch noch nicht, und die häufigen Kriege und die politische Instabilität führten dazu, dass Gold und andere Alternativen vertrauenswürdiger waren als die vom Staat ausgegebene Währung.
Auch das Problem der Inflation, das auftrat, wenn der Staat uneingeschränkt Geld drucken konnte, wäre mit diesem System nur schwer in den Griff zu bekommen gewesen.

John Law löste das Problem der Staatsverschuldung, indem er anstelle der nicht vertrauenswürdigen, von der Zentralbank ausgegebenen Landeswährung die spekulative Stimmung einer Aktienblase nutzte.
Die Idee war, eine künstliche Blase zu erzeugen, die den Aktienkurs eines Unternehmens in die Höhe trieb, und diese in einem öffentlichen Angebot gegen Staatsanleihen des privaten Sektors einzutauschen.

In diesem Prozess gründete John Law eine Zentralbank und experimentierte mit der Möglichkeit eines modernen Äquivalents einer Fiat-Währung (Geld, das nicht in Gold einlösbar ist).
Natürlich musste dieses Unternehmen gegründet und vom Staat mit einer Beteiligung ausgestattet werden, um eine rosige Zukunft zu schaffen, so dass die Gewinne eines öffentlichen Unternehmens, das ein staatlich gefördertes Geschäft monopolisiert, als garantiert angesehen werden konnten, auch wenn sie noch nicht bewiesen waren.
Der Name dieser Gesellschaft war Mississippi Company. Die Aktien dieser Gesellschaft, die praktisch alle Anteile an den kolonialen Entwicklungsprojekten der französischen Regierung hielt, stiegen in die Höhe.
Es war, als ob ein moderner Manipulator in den Aktienmarkt eingegriffen hätte, um den Kurs in die Höhe zu treiben, indem er anbot, die Aktien des Unternehmens in einem öffentlichen Angebot gegen französische

Staatsanleihen einzutauschen.

Die französische Zentralbank gab Geld aus, um einem Unternehmen in Mississippi Betriebskapital zu leihen, und das Unternehmen in Mississippi gab Aktien aus, die von privaten Anlegern in französische Staatsanleihen umgetauscht werden sollten.

Bei diesem Prozess gab es zwei Instrumente, die gegen die Mississippi-Aktien eingetauscht werden konnten: Französische Staatsanleihen und nicht konvertierbares Geld, das von der französischen Zentralbank ausgegeben wurde.

Das von der französischen Zentralbank ausgegebene Geld zirkulierte auf dem Markt und konnte gegen die Mississippi-Aktien umgetauscht werden, und diese Währung erhielt den Status, nicht gegen Gold eingelöst werden zu müssen.

Die französischen Staatsanleihen, die in die Mississippi-Gesellschaft flossen, konnten dann von der Mississippi-Gesellschaft zur Rückzahlung ihres Kredits an die französische Zentralbank verwendet werden, was es der französischen Zentralbank ermöglichte, weitere Anleihen auszugeben, die durch weitere Staatsanleihen gedeckt waren.

Als der Aktienkurs von Mississippi stieg, flossen private französische Staatsanleihen nach Mississippi, und Mississippi nutzte sie zur Rückzahlung seines Kredits an die französische Zentralbank, so dass der größte Teil der privaten Staatsanleihen an die französische Zentralbank floss.

Die Schulden des französischen Staates gegenüber dem privaten Sektor wurden in Schulden gegenüber der französischen Zentralbank umgewandelt, die sich größtenteils im Besitz des französischen Staates befindet. Dies war ein Prozess der Internalisierung von Schulden.

Der Anstieg des Aktienkurses des Unternehmens Mississippi und sein Börsengang führten auch zu einer Ausweitung der Geldmenge. John Law hoffte, dass dies die französische Wirtschaft in eine Geldwirtschaft umwandeln würde, was das Angebot der chronisch knappen Währung auf natürliche Weise erweitern und der Wirtschaft, einschließlich des Handels, ein Wachstum ermöglichen würde.

Die Anleger, die französische Staatsanleihen hielten, wussten, dass der Aktienkurs der Mississippi-Gesellschaft in die Höhe geschossen war, und brachten ihre französischen Staatsanleihen, von denen man annahm, dass sie weniger wert sein würden, im Tausch gegen die Aktien der Mississippi-

Gesellschaft ein, von denen man annahm, dass sie mehr wert sein würden.

Indem die Aktien der Mississippi-Gesellschaft neben den französischen Staatsanleihen auch die von der französischen Zentralbank ausgegebenen Banknoten als Tauschmittel enthielten, trugen sie dazu bei, dass die als uneinlösbar verrufenen französischen Banknoten wieder in Umlauf kamen.

Als die meisten der privat gehaltenen französischen Staatsanleihen in Mississippi-Aktien umgetauscht wurden, begann der Aktienkurs der Mississippi Company zu sinken.
Die Aktien der Gesellschaft lagen in den letzten Zügen, da die französischen Aristokraten, die wussten, dass die Kolonie keine Einnahmen brachte, ihre Gewinne realisierten.

Auch Großbritannien orientierte sich eng an der französischen Blase und steigerte seinen Aktienkurs künstlich durch ein Unternehmen, das mit Sklaven aus den spanischen Kolonien handelte, die South Sea Company. Das Ergebnis war der Zusammenbruch der Blase.

Das Platzen der Blase in diesen Ländern war jedoch bis zu einem gewissen Grad eine Lösung für das Problem der nationalen Überschuldung, und der

Schaden wurde den privaten Anlegern zugefügt.

Nach dem chaotischen 18. Jahrhundert führten Kriege in ganz Europa zu Beginn des 19. Jahrhunderts, ausgelöst durch die Napoleonischen Kriege, zur Unabhängigkeit der von Spanien und Portugal kolonisierten Länder Lateinamerikas, und nach den Kriegen führte die Erfindung der Dampfmaschine und des Spinnrads zur industriellen Revolution in Europa.

Die Produktivität stieg, vor allem in der Textilindustrie, und die Hersteller waren in der Lage, größere Mengen an Waren in einem schnelleren Tempo als je zuvor zu produzieren.

Darüber hinaus löste die mit der Erfindung der Dampfmaschine einsetzende Eisenbahnindustrie in England und der Schweiz eine Nachfrage nach Investmentfonds aus, und Privatbanken wie die UBS und die Credit Suisse begannen, diese Mittel bereitzustellen.

Die Privatbanken, die sich hauptsächlich mit dem Private Banking, also der Vermögensverwaltung für Wohlhabende, beschäftigten, begannen sich auf das Corporate Banking zu verlagern, das für groß angelegte Finanzierungen, wie etwa Investitionen in Eisenbahnprojekte, eingerichtet wurde.

In Europa und den Vereinigten Staaten führte der rasche Ausbau der Logistikinfrastruktur wie Eisenbahnen und Kanäle zu einem Überangebot an Transportkapazitäten, was in Verbindung mit Überinvestitionen und Spekulationen in diesem Sektor zu einem Einbruch der Rohstoffpreise und Aktienkurse führte.

Dies führte zu einer Panik, als Finanzinstitute und damit verbundene Unternehmen, wie z. B. Eisenbahnen, in Konkurs gingen und Anleger aufgrund von Zahlungsausfällen Geld verloren.

Paniken, die durch ein Überangebot und Überinvestitionen verursacht wurden, wie der Zusammenbruch der Blase, die durch Investitionen in Entwicklungsprojekte in Südamerika in den 1820er Jahren verursacht wurde, und der Zusammenbruch der Eisenbahnblase in England in den 1840er Jahren, wurden durch ein solches Überangebot und Überinvestitionen verursacht.

Zu dieser Zeit wurde in Europa der Goldstandard eingeführt, und aufgrund des Charakters des Goldstandards war das Eingreifen der Regierung bei Panik begrenzt.

Der Goldstandard, der im 19. Jahrhundert in ganz Europa eingeführt wurde, beginnend mit dem Vereinigten Königreich, band die Goldmenge und die von der Regierung ausgegebene Währung an einen festen Wechselkurs und beschränkte die Ausgabe von Geld, das die Goldreserven überstieg. Dieses

System führte eher zu Deflation als zu Inflation.

Ein auf dem Goldstandard basierendes Finanzsystem ermöglichte es den Zentralbanken und Regierungsbehörden, während Wirtschaftskrisen nur eine begrenzte Anzahl von Maßnahmen zu ergreifen, wie z. B. die Anpassung der Zinssätze, indem die Geldmenge auf der Grundlage der Goldreserven begrenzt wurde.

Infolgedessen konnten die Regierungen und Zentralbanken damals nur darauf warten, dass der Markt das Problem durch Selbstkorrektur löst, indem er die natürlichen Ursachen der Krise oder die Schwankungen der Marktpreise beseitigt, anstatt Maßnahmen wie verschiedene geldpolitische Maßnahmen oder eine quantitative Lockerung wie in der heutigen Zeit zu ergreifen.

Aufgrund der geringen Größe der Finanzmärkte und des begrenzten Überangebots waren die Auswirkungen der Krise jedoch oft relativ gering.

In vielen Fällen absorbierte der Markt das Überangebot zeitlich gestaffelt, so dass sich die Preise erholen konnten. Infolgedessen waren die Paniken des 19. Jahrhunderts oft lokal begrenzt und relativ kurzlebig, und die Abschwünge gingen im Laufe der Zeit oft von selbst vorüber.

Die damaligen Regierungen und Zentralbanken wurden von Ökonomen häufig für ihre Laissez-faire-Haltung gegenüber den Opfern von Wirtschaftskrisen kritisiert, da sie es dem Markt erlaubten, sich selbst zu regulieren, selbst wenn es im Rahmen des Goldstandards zu Paniken kam.

3. Überlegungen zur Weltwirtschaftskrise von 1929

An der Wende zum 20. Jahrhundert veränderte der Erste Weltkrieg nicht nur das Gesicht der Kriegsführung, sondern erforderte auch enorme Kriegsausgaben.

Länder wie Großbritannien, Frankreich, Deutschland und Japan waren nicht in der Lage, die steigenden Kriegskosten zu decken, und waren gezwungen, den Goldstandard aufzugeben und die Geldmenge zu erhöhen.

Diese erhöhte Geldmenge führte nach Kriegsende zu einer schweren Inflation. Nach dem Krieg kehrten die Länder zum Goldstandard zurück, um die Inflation zu bekämpfen, indem sie die Geldmenge verringerten und den Wert ihrer abgewerteten Währungen erhöhten, und versuchten, ihre Goldreserven durch eine Erhöhung der Zinssätze zu vergrößern.

Die Vereinigten Staaten gingen sogar so weit, dass sie den privaten Besitz von Gold verboten und versuchten, es in den Händen des Staates zu halten.

Länder wie Deutschland, die als besiegte Nation enorme Kriegsreparationen zu zahlen hatten, versuchten, dieses Problem durch die Mobilisierung der Macht des Gelddrucks zu lösen.

Doch ähnlich wie in der Hyperinflation im heutigen Simbabwe, wo der Wert der Währung täglich sank und die Lebenshaltungskosten täglich stiegen, waren die deutschen Bürger gezwungen, mit Schubkarren voller deutscher Währung Schlange zu stehen, um Brot zu kaufen.
Es war auch eine Zeit der Demütigung für die deutsche Währung, da Diebe die Karren stahlen und das Geld in den Karren zurückließen.

Die Zeit der Hyperinflation in Deutschland, in der die Zentralbank des Landes schwer getroffen wurde und nach wie vor inflationsanfällig ist, wird oft als Beispiel für die negativen Auswirkungen des unbegrenzten Gelddruckens mit der Macht des Fiat-Geldes angeführt.

Die Vereinigten Staaten, die als einziges Land unbeschadet aus dem Ersten Weltkrieg hervorgingen und zu den größten Volkswirtschaften der Welt gehörten, als sie begannen, durch den Export von Kriegsmaterial enormen Reichtum anzuhäufen, erlebten in den 1920er Jahren eine Immobilienblase in Florida, die Entwicklung der Automobil-, Elektronik- und Luftfahrtindustrie sowie das Aufkommen neuer Technologien wie Massenproduktion und Managementsysteme.

Trotz der Entwicklung des privaten Bankwesens verfügte die 1913 gegründete Federal Reserve noch nicht über ein vollständiges Kontrollsystem über die Finanzinstitute, und der wirtschaftliche Laissez-faire-Ansatz der US-Bundesregierung legte Wert auf minimale Eingriffe in die Wirtschaft, so dass

Bankkredite ohne große Regulierung leicht zugänglich waren.

So wie während der Dot-Com-Blase der Optimismus über die Zukunft die Welt zu beherrschen schien, führten Optimismus und Erwartungen an die US-Wirtschaft zum Einsatz von Leverage im Aktienhandel, und der US-Aktienmarkt boomte.

Von Hebelwirkung spricht man, wenn jemand, der kein Geld hat, die Macht des Geldes nutzt, um einen Gewinn zu erzielen, z. B. wenn jemand, der eine 300.000-Dollar-Wohnung kaufen möchte, nur 100.000 Dollar in der Tasche hat und einen 200.000-Dollar-Kredit aufnimmt, um das Haus zu kaufen.

Auf dem Aktienmarkt trug die Hebelwirkung ebenfalls zur Börsenblase bei, indem sie den Umfang der Transaktionen durch Kredite aufblähte. Während des Börsenbooms durfte die Hebelwirkung auf dem Markt das 10-fache betragen.
Wenn Sie gehebelt sind und der Preis eines Vermögenswerts steigt, können Sie viel Geld verdienen, da Ihre Kosten so gut wie fix sind, aber wenn der Preis des Vermögenswerts einbricht, werden Sie wahrscheinlich einen Margin Call erhalten.
Das Maklerunternehmen, das Ihre Aktien als Sicherheit hält, muss sie entweder in einem Gegengeschäft verkaufen oder mehr von Ihrem Geld als Einlage zahlen, um sie über Wasser zu halten.

Die Gefahren fremdfinanzierter Investitionen wurden 2021 in den Vereinigten Staaten deutlich, als der koreanisch-amerikanische Bill Huang mit 10 Mrd. USD seines eigenen Geldes und 40 Mrd. USD an Fremdkapital in großem Umfang auf chinesische Tech-Aktien wettete und in zwei Tagen fast 20 Mrd. USD verlor, als der Aktienmarkt zusammenbrach.

Dieser Vorfall, der Bill Huang einen Platz im Guinness-Buch der Rekorde für den größten Verlust in kürzester Zeit einbrachte, kostete die Credit Suisse, die ihm das Geld geliehen hatte, mehr als 5 Milliarden Dollar und wurde schließlich 2023 von der UBS übernommen.
Der US-Aktienmarkt wandelte sich durch diese fremdfinanzierten Anlagen von einer Investition in eine Spekulation, und die Geldflut wandte sich nach dem US-Aktienmarkt den Immobilien zu.

Unerschlossene Gebiete wie Florida erlebten einen Erschließungsboom, da sie durch die Automobilindustrie und den Ausbau der Eisenbahn besser erreichbar wurden, und ein Überschuss an Geld strömte in diese Gebiete, um in Erschließungsprojekte zu investieren, was zu Immobilien- und

Aktienblasen führte. Vor 1800 befand sich die Welt in einem Zustand des Nachfrageüberhangs, in dem es immer einen Mangel an Grundbedarfsgütern gab, die konsumiert werden konnten.

Die Produktivitätssteigerung durch die Entwicklung von Wissenschaft und Technik schuf jedoch ein ausreichendes Angebot, um den Nachfrageüberhang auszugleichen, und nun überstieg das Angebot die Nachfrage.

Im 19. Jahrhundert gab es mehrere Paniken, die durch ein Überangebot verursacht wurden, aber sie waren lokal begrenzt und von kurzer Dauer und wurden durch ein Überangebot in bestimmten Sektoren wie der Eisenbahn, der Landwirtschaft und der Textilindustrie verursacht.

Börsencrashs und Zusammenbrüche von Finanzinstituten trugen ebenfalls zum Ausmaß der Panik bei, aber im Rahmen des Goldstandards konnten Regierungen oder Zentralbanken nur wenig tun, und im Laufe der Zeit korrigierten sich die Preise von selbst, und die Produktion ging auf das Niveau vor der Panik zurück.

Gab es eine Desensibilisierung gegenüber den Wirtschaftskrisen des 19. Jahrhunderts?

Es gab Blasen in einer Vielzahl von Sektoren, darunter ein Überangebot auf dem Rohstoffmarkt, Blasen auf dem Immobilienmarkt, eine zunehmende Verschuldung auf dem Finanzmarkt und Blasen auf dem Aktienmarkt, und die Überhitzung der Finanzinstitute, die in Aktien investierten, wurde im Gegensatz zu der Blase im 19.

Die Menschen waren jedoch immer noch optimistisch, was die Märkte und die Zukunft betraf, und dieser Optimismus wurde an einem Dienstag im Oktober 1929 zunichte gemacht.

Auf den Rohstoffmärkten begannen die Lagerbestände zu steigen, da die Nachfrage der Verbraucher das Angebot überstieg.

Als der Aktienmarkt zusammenbrach, wurden Einzelpersonen, Unternehmen und Finanzinstitute, die mit Hebelwirkung und Krediten in Aktien investiert hatten, hart getroffen und begannen zu scheitern.

Vor dem 20. Jahrhundert war das Finanzsystem noch nicht ausgereift, und bestimmte Ereignisse, wie z. B. Banküberfälle, führten zum Zusammenbruch einiger Finanzinstitute.

Dank der Entwicklung des Finanzsystems sind die Geschwindigkeit und die Auswirkungen von Krisen heute jedoch ganz anders.

Die Panik in den USA breitete sich aufgrund des zunehmenden Handels zwischen den USA und Europa schnell auf Europa aus, und die Länder auf der ganzen Welt sahen sich einer globalen Wirtschaftskrise gegenüber.

Da diese Wirtschaftskrise so anders war als frühere, waren Fallanalysen und Rezepte für frühere Wirtschaftskrisen nicht sehr effektiv, und die Wirtschaftswissenschaftler waren unterschiedlicher Meinung.

In den Wirren der Großen Depression waren Protektionismus wie Zollschranken und Einfuhrkontingente zum Schutz der heimischen Industrie weit verbreitet, und im Rahmen des Goldstandards war die Geldmenge begrenzt, was Maßnahmen wie die quantitative Lockerung unmöglich machte, und der Handel wurde häufig eingeschränkt, um zu verhindern, dass das knappe Gold aus dem Land abfließt.

Die Beschränkung der Geldmenge im Rahmen des Goldstandards führte zu einer Deflation, während die Beschränkung des Außenhandels und der Schutz der heimischen Industrie durch Protektionismus die Rezession verschärften, da es keinen Markt für das überschüssige Angebot an Waren gab.

4. Überwindung der Großen Depression
Europa, Japan und die Vereinigten Staaten haben bei der Überwindung der Großen Depression gemeinsam, dass sie durch die Abschaffung des

Goldstandards auf eine restriktive Geldpolitik verzichteten und dem Markt durch eine expansive Geldpolitik oder eine expansive Finanzpolitik Geld zuführten.

In den USA führte Präsident Franklin D. Roosevelt Maßnahmen zur Steigerung der Nachfrage durch fiskalpolitische Maßnahmen wie den New Deal ein und erweiterte die Geldmenge durch die Abschaffung des Goldstandards im Jahr 1933. Erst im Zweiten Weltkrieg gelang es den Vereinigten Staaten, die Große Depression vollständig zu überwinden.

In Europa verlief die Erholung von der Großen Depression ähnlich wie in den Vereinigten Staaten. Die Fiskalpolitik wurde zur Stimulierung der privaten Nachfrage und die Abschaffung des Goldstandards zur Ausweitung der Geldmenge eingesetzt.

Eine vollständige Überwindung der Großen Depression sollte jedoch bis zum Zweiten Weltkrieg warten.

Japan gab 1931 den Goldstandard auf und weitete seine Geldmenge aus. Die japanische Regierung entschied sich dafür, ihre Macht zu nutzen, um auf einfache Weise Geld auf dem Markt für Staatsanleihen zu beschaffen.

Sie übernahm die Kontrolle über die Bank of Japan, um sich Geld direkt auf dem Anleihemarkt zu beschaffen, und nutzte fiskalische Anreize, um Kriege zu bezahlen und die staatlichen Investitionen in Infrastrukturprojekte zu erhöhen.

Allerdings wurde die Währung durch den Chinesisch-Japanischen Krieg und andere Kriege stark überstrapaziert, so dass die Regierung Ende der 1930er Jahre zu einer Politik der strikten Geldmengenkontrolle überging, um die Inflation zu bekämpfen.

Erst während der Großen Depression begann das Finanzwesen, sich wirklich auf die Gesamtwirtschaft auszuwirken.

Unter dem Goldstandard war die Geldmenge begrenzt, so dass sie keine Inflation verursachte und es nie ein Problem mit einem Überangebot an Geld gab. Daher war die Rolle der Banken und Finanzinstitute sehr begrenzt.

Als es jedoch in Kriegszeiten oder zur Überwindung der Weltwirtschaftskrise notwendig war, die Geldmenge auszuweiten, wurde der schwerfällige Goldstandard aufgegeben und die Kreditvergabe durch Banken ausgeweitet.

Da die Banken zum Zentrum des Finanzwesens wurden und als Brücke zwischen dem Privatsektor und der Regierung fungierten, hatte ihr Ausfall erhebliche Auswirkungen auf die Wirtschaft.

Nach dem Ende des Zweiten Weltkriegs wurde das Bretton-Woods-System eingeführt, um das Problem der Inflation zu lösen, da die kriegsbedingte Ausweitung der Geldmenge zu einer Inflation führte. Die Lösung für die Inflation war die Rückkehr zum Goldstandard.

Der erste Schritt bestand darin, einen festen Wechselkurs für Gold und den Dollar festzulegen, während alle anderen Länder außer den Vereinigten Staaten einen festen Wechselkurs zum US-Dollar beibehielten.

Durch dieses System fester Wechselkurse konnte ein stabiler Wechselkurs erreicht werden, und auf dieser Grundlage konnte der internationale Handel stabilisiert und der internationale Handel ausgeweitet werden. Dies war der Moment, in dem die Position des US-Dollars als offizielle Reservewährung durch die wirtschaftliche Macht der USA garantiert wurde.

5. Wirtschaftskrisen und Reaktionen nach der Abschaffung des Goldstandards

Im Rahmen des Bretton-Woods-Systems wurde der Wechselkurs zwischen Gold und US-Dollar viele Jahre lang bei 35 Dollar pro Unze Gold gehalten.

Aufgrund des großen US-Handelsdefizits in den 1960er Jahren und der Ausweitung des Angebots an US-Dollars zur Finanzierung des Vietnamkriegs gaben die USA den Goldstandard jedoch 1971 auf.

Der Goldpreis, der sich im Rahmen des Bretton-Woods-Systems aufgestaut hatte, schnellte in die Höhe, während der Wert des Dollars abstürzte. Mit einem heutigen Preis von über 2.000 Dollar pro Unze hat sich der Wert von Gold in etwas mehr als 50 Jahren um das 57-fache erhöht.

Während der beiden Ölschocks in den 1970er Jahren war es populär, den Wert des Geldes zu erhöhen, indem man die Zinssätze anhob, um der durch die steigenden Ölpreise verursachten Inflation entgegenzuwirken. Großbritannien, das nach dem Zweiten Weltkrieg seine Stellung als Weltmacht an die Vereinigten Staaten verloren hatte, verlor jedoch seine Wettbewerbsfähigkeit auf dem Weltmarkt und fiel hinter Japan und Deutschland zurück.

Die Anhäufung von Handelsdefiziten und die durch die Ölschocks verursachte Inflation werteten die britische Währung, das Pfund, ab, und die Regierung sah sich nach der expansiven Finanzpolitik zur Ankurbelung der Wirtschaft einer Haushaltskrise gegenüber. Der Abfluss von Dollars aufgrund des sich anhäufenden Handelsdefizits führte zu einer Devisenkrise, und das Vereinigte Königreich war 1976 gezwungen, beim IWF ein Rettungspaket zu beantragen.

Das Ersuchen des Vereinigten Königreichs um ein Rettungspaket des IWF war auf eine Kombination aus einer Haushaltskrise, die durch die Steuerpolitik zur Ankurbelung der Wirtschaft verursacht wurde, und einer Handels- und Devisenkrise zurückzuführen, die durch die Verknappung von Devisen aufgrund der Anhäufung von Handelsdefiziten verursacht wurde.

In den späten 1970er Jahren ernannte die Regierung Jimmy Carter Paul Volcker zum Vorsitzenden der Federal Reserve, um die Inflation zu bekämpfen. Er erhielt den Spitznamen "Inflationsbekämpfer" und hob den Leitzins rasch auf fast 20 % an.

Steigende Zinssätze in den USA werden die Nachfrage aus dem Ausland nach Dollars für Investitionen in den USA erhöhen, was zu einer Aufwertung des Dollars führt und zum Wirtschaftswachstum in Industrieländern wie Deutschland und Japan beiträgt, die einen komparativen Vorteil bei den Exportpreisen haben.

In Zeiten einer restriktiven Geldpolitik besteht jedoch immer die Gefahr einer Wirtschaftskrise.

Im Falle der USA hielten die künstlich hochgehaltenen Zinssätze von 20 % die Inflation unter Kontrolle, aber die Krise kam, als die Rezession, insbesondere das Platzen der Immobilienblase, Realität wurde.

Da sie gezwungen waren, höhere Einlagenzinsen zu zahlen, um im Wettbewerb mit den Geschäftsbanken um Einlagen zu werben, begannen die US-Spar- und Darlehenskassen (S&Ls), in riskante Produkte wie Ölfelder in der Nordsee und in Mexiko und ertragreiche Gewerbeimmobilien zu investieren, um ihre Rentabilität zu verbessern.

Da sie um hochverzinsliche Einlagen konkurrieren mussten, waren sie gezwungen, nach renditestärkeren Anlagen zu suchen.

Da die Kosten für Fremdkapital aufgrund der hohen Zinssätze stiegen und Investoren aufgrund des Überangebots an Gewerbeimmobilien und der Immobiliensteuerreform aus dem Immobilienmarkt ausstiegen, fielen die Immobilienpreise, und 1988 begannen die Spar- und Darlehenskassen in Konkurs zu gehen.

Der Zusammenbruch von Finanzinstituten infolge des Platzens von Immobilienblasen und der daraus resultierenden Finanzkrise ist ein typischer Fall von Wirtschaftskrise in der modernen Weltwirtschaft. Die Finanzkrise, die in den drei nordischen Ländern in den 1990er Jahren auftrat, wurde ebenfalls durch den Zusammenbruch von Finanzinstituten infolge des Zusammenbruchs von Vermögenspreisen auf realen Märkten wie dem Immobilienmarkt verursacht.

Der Zusammenbruch von Finanzinstituten nach dem Platzen von Immobilienblasen ist in modernen Volkswirtschaften als regelmäßiges Muster anerkannt, wobei die nordische Finanzkrise, der Zusammenbruch der japanischen Blase und die globale Finanzkrise von 2008 einige der bemerkenswertesten Beispiele sind.

Alle diese vorangegangenen Immobilienblasen begannen mit Deregulierung und niedrigen Zinssätzen, während das Platzen von Blasen mit Faktoren wie steigenden Zinssätzen, verstärkter Regulierung und Überkapazitäten verbunden ist.

Zusätzlich zu diesen Faktoren gab es bei allen oben genannten Finanzkrisen eine große Anzahl von Krediten, die einen LTV (Loan to Value) von 100 % überschritten.

Im Falle Japans führte das hohe Zinsniveau in den Vereinigten Staaten Anfang der 1980er Jahre zu einer Aufwertung des Dollars, und das bemerkenswerte Wachstum japanischer Unternehmen führte zu einem jährlichen Handelsüberschuss mit den Vereinigten Staaten.

Die Vereinigten Staaten hingegen hofften, die so genannten Zwillingsdefizite zu beseitigen, indem sie neben dem Handelsdefizit auch ein Haushaltsdefizit anhäuften.

Im Jahr 1985 initiierten die Vereinigten Staaten das Plaza-Abkommen, um das Problem des Handelsdefizits politisch zu lösen.

Die Vereinigten Staaten verlangten, dass Japan, Westdeutschland und andere wichtige Länder ihre Währungen aufwerteten, um ihre Handelsbilanzen zu verbessern, und sie stimmten zu.

Die Aufwertung des Yen um fast die Hälfte führte zu einem Rückgang der japanischen Exporte, und Japan, alarmiert, beschloss eine Politik der niedrigen Zinssätze und der geldpolitischen Lockerung, um die Wirtschaft durch anhaltendes Wirtschaftswachstum und Binnennachfrage wieder anzukurbeln.

Das freigesetzte Geld floss jedoch in die Immobilien- und Aktienmärkte, wodurch eine ernsthafte Vermögenspreisblase entstand. Im Gegensatz zu Westdeutschland, das ebenso wie Japan der Wechselkursaufwertung des Plaza-Abkommens unterlag und 1987 aus Angst vor einer Vermögenspreisblase die Zinsen anhob, hielt die japanische Zentralbank die Preissituation für stabil und verpasste den Zeitpunkt, auf dem Markt zu intervenieren, um die Wirtschaft zu beruhigen.

Die Inflation stabilisierte sich aufgrund der sinkenden Importpreise, die durch den starken Yen verursacht wurden, so dass die Regierung Blasen bei den Vermögenspreisen tolerierte.

Als jedoch 1989 die durch die Blase verursachten sozialen Probleme ernsthaft und überhitzt wurden und Kredite mit einer Beleihungsquote von mehr als 100 % weit verbreitet waren, begannen verschiedene Spar- und Regulierungsmaßnahmen, darunter die Anhebung der Zinssätze durch die japanische Zentralbank und die Beschränkung des Gesamtbetrags der Kredite für den Immobilienmarkt.

Auch die Vorschrift der Bank für Internationalen Zahlungsausgleich (BIZ) von 1988, wonach die Banken eine BIZ-Quote von 8 % oder mehr einhalten müssen, wirkte sich aus.

Wenn eine japanische Bank eine BIZ-Quote von mindestens 8 % nicht einhielt, wurde sie als gescheiterte Bank eingestuft, konnte nicht an Devisengeschäften teilnehmen und wurde von den internationalen Finanz- und Handelsmärkten ausgeschlossen.

Als die Bank für Internationalen Zahlungsausgleich der japanischen Regierung empfahl, den Gesamtbetrag der Kredite auf das 2,5-fache des Eigenkapitals zu begrenzen, um die Qualität der Vermögenswerte der Banken zu verbessern, versuchte der neu ernannte Gouverneur der Bank of Japan, Mieno, die Vermögenspreisblase zu heilen und die Qualität der Vermögenswerte von Banken und anderen Finanzinstituten zu verbessern, indem er die Zinssätze erhöhte und den Gesamtbetrag der Kredite begrenzte.

Der Zusammenbruch der Vermögenspreisblasen auf dem japanischen Immobilien- und Aktienmarkt stürzte die japanische Wirtschaft in eine Rezession, und als die Finanzinstitute zahlungsunfähig wurden, ergriff die japanische Regierung steuerpolitische Maßnahmen zur Ankurbelung der Wirtschaft.

Dies war auf ein traditionell zurückhaltendes Geschäftsklima, auf Interessengruppen, die zu stark waren, um Reformen wie die Arbeitsmarktreform zu versuchen, und auf die Besorgnis über die Zunahme notleidender Kredite durch die Lockerung der Geldpolitik zurückzuführen, die allesamt durch die Finanzpolitik und nicht durch die Geldpolitik angegangen wurden.

Darüber hinaus wurde der Fiskalpolitik aufgrund der starken Macht des japanischen Finanzministeriums, des direkten Haushaltsvollzugs und des leichten Verständnisses von Spillover-Effekten als kurzfristige Lösung der

Vorzug gegeben.

Die Fiskalpolitik der japanischen Regierung hat jedoch zu einem Anstieg des Angebots an langfristigen Staatsanleihen und einem Rückgang des Preises für langfristige Staatsanleihen geführt, was wiederum zu einem Anstieg der langfristigen Zinssätze führte und die Nachfrage nach Immobilien schwächte.

Dies wirkte sich negativ auf den Immobilienmarkt aus und führte zu einer Anhäufung von notleidenden Krediten bei japanischen Finanzinstituten.

Als in der asiatischen Währungskrise von 1997 die Finanzinstitute aufgrund von sich verschlechternden Auslandsinvestitionen und Zahlungsausfällen zu scheitern begannen, versuchte die japanische Regierung verspätet, die Krise durch eine Umstrukturierung der Finanzinstitute zu lösen, aber es war zu spät, um sie zu retten.

Um die Wirtschaft anzukurbeln, hat die Abe-Regierung seither eine Politik der quantitativen Lockerung und des Ankaufs von Staatsanleihen in Höhe von bis zu 80 Billionen Yen pro Jahr durch die Bank of Japan betrieben.

Obwohl diese quantitative Lockerung dazu geführt hat, dass die Vermögenswerte der japanischen Zentralbank 90 % des BIP und die Staatsverschuldung 200 % des BIP übersteigen und Japan damit zu einem der am höchsten verschuldeten Länder der Welt geworden ist, waren die Versuche der Regierung, die Inflation auf über 2 % zu drücken, nicht erfolgreich.

Die Bank of Japan, die Zentralbank des Landes, ging von einer Nullzinspolitik zu einer Negativzinspolitik über und setzte sogar eine Zinskurvensteuerung ein, um die langfristigen Zinssätze zu kontrollieren, aber Japans Rezession und Deflation waren so stark, dass die angestrebte Inflationsrate von 2 % nur schwer zu erreichen war.

Die nordischen Länder hingegen hatten eine andere Lösung. Die drei nordischen Länder sahen sich mit einer Krise konfrontiert, als die Immobilienblase platzte, wodurch sich die Immobilienwerte halbierten und die Finanzinstitute unter der Last der halbierten Sicherheitenwerte zusammenbrachen.

Die Finanzbehörden in diesen Ländern stellten sofort öffentliche Mittel zur Verfügung. Finanzinstitute, deren Sanierung wahrscheinlich einige Zeit in Anspruch nehmen würde, wurden verstaatlicht, um ein Übergreifen des Schadens auf den privaten Sektor zu verhindern, und die Regierung übernahm die Führung bei der Umstrukturierung.

Auch wenn jeder die Geschehnisse anders interpretiert und es viele Variablen gibt, darunter Unterschiede im Umfeld und in der Größe der Volkswirtschaften, so gab es doch Krisen, die mit den richtigen Maßnahmen zum richtigen Zeitpunkt in relativ kurzer Zeit gelöst wurden, und andere, die sich durch Fehleinschätzungen des Zeitpunkts, der Ursachen und der Möglichkeiten für Markteingriffe in die Länge zogen.

Das Platzen der Dot-Com-Blase in den USA Anfang der 2000er Jahre ist ein ähnliches Beispiel für eine Finanzkrise, wenn auch einer anderen Art.

Anstelle von Immobilien waren es Investitionen in Aktien von Dot-Com-Unternehmen, die im Vergleich zu ihrem inneren Wert stark überbewertet waren, die die Blase zum Platzen brachten und zu Verlusten und einer Krise für die Finanzinstitute führten, die in diese Unternehmen investiert hatten.

Immobilienblasen beginnen mit einem positiven Umfeld für Immobilienkäufe, wie z. B. Deregulierung durch Maßnahmen zur Liberalisierung des Finanzsektors und Steuerreform, und einer Ausweitung der Geldmenge, die zu Inflation führt. Während einer Blase kommt es zu einem Überangebot an Immobilien, was schließlich zu einer Tulpenmanie-ähnlichen Situation führt.

In weniger entwickelten Finanzsystemen, wie denen vor dem 20. Jahrhundert, konnte sich der Problemlösungsprozess jedoch verzögern, da man versuchte, sich auf das selbstkorrigierende Verhalten von Angebot und Nachfrage zu verlassen.

In modernen Volkswirtschaften, in denen die Inflation durch Intervention und Überwachung durch die Währungsbehörden streng kontrolliert wird, kann die Regierung jedoch schnell in den Markt eingreifen, indem sie die Zinssätze erhöht und die Kreditvergabe einschränkt.

Die Erhöhung der Kosten für Fremdkapital durch Zinserhöhungen und geldpolitische Straffung beschleunigt das Platzen von Blasen, indem Angebot und Nachfrage zur Selbstkorrektur angeregt werden.

Die koreanische Sparkassenkrise kann in einem ähnlichen Kontext verstanden werden.
Während des Immobilienbooms erhöhten die Sparkassen ihren Anteil an PF-Immobilienkrediten, um hohe Renditen zu erzielen. Als sich der

Immobilienmarkt jedoch abwärts bewegte, als die Bank of Korea die Zinssätze anhob, um die Inflation einzudämmen, begannen die Sparkassen zu scheitern.

6. Asiatische Finanzkrisen seit den 1990er Jahren
Wenn Finanzkrisen die häufigste Form von Wirtschaftskrisen sind, so handelt es sich bei Devisenkrisen um Wirtschaftskrisen, die den hegemonialen Rivalitäten zwischen Ländern zum Opfer fallen.

Insbesondere die Entwicklungsländer neigen zu einem starken Abfluss von Dollars in Abhängigkeit von den Zinssätzen in den USA, und wenn die USA die Zinssätze anheben, kommt es in den Entwicklungsländern häufig zu Devisenkrisen aufgrund des Zuflusses von Dollars in die USA.

Die asiatische Wirtschaftskrise im Jahr 1997 hatte viele komplexe Faktoren, kann aber insofern als Devisenkrise betrachtet werden, als das Land aufgrund von Devisenmangel eine Rettungsaktion bei internationalen Finanzorganisationen wie dem IWF beantragte.

Eine Devisenkrise ist eine Krise, die durch einen Mangel an Devisen verursacht wird, der vor allem durch die Anhäufung von Devisenabflüssen aufgrund von Handelsdefiziten und Wechselkursschwankungen konkurrierender Länder, die zu Handelsungleichgewichten führen, verursacht wird.
Insbesondere die Tatsache, dass diese Länder vor der Krise Maßnahmen zur Liberalisierung des internationalen Kapitalverkehrs ergriffen hatten, wird ebenfalls als Ursache der Krise angeführt.

Maßnahmen zur Liberalisierung des internationalen Kapitalverkehrs sind ein wesentliches Merkmal moderner Wirtschaftskrisen, und wenn Länder mit einer restriktiven Politik, wie z. B. einer protektionistischen Handelspolitik, ihre inländischen Kapitalmärkte durch Kapitalliberalisierungsmaßnahmen öffnen, werden ihre inländischen Märkte aufgrund schwacher inländischer Finanzbedingungen oft ausgeraubt.

Darüber hinaus gibt es viele Fälle, in denen das Wechselkurssystem aufgrund eines starren Wechselkurssystems, wie z. B. eines Systems fester Wechselkurse, eines marktgesteuerten durchschnittlichen Wechselkurssystems oder einer Bindung an den US-Dollar, den wahren inneren Wert des Marktes nicht richtig widerspiegelt, was zu einer Devisenkrise aufgrund von Angriffen durch Hedgefonds führt.
Dies ist nicht nur ein Problem für Entwicklungsländer, sondern kann auch in entwickelten Ländern mit gut entwickelten Finanzsystemen auftreten.

Ein gutes Beispiel ist die Währungskrise von 1992 im Vereinigten Königreich, das seinen Wechselkurs gegenüber der Deutschen Mark in einem engen Band halten musste, um dem festen Wechselkurssystem der Eurozone, dem Europäischen Wechselkursmechanismus (WKM), beizutreten.

Im Vergleich zu Deutschland, das eine Hochzinspolitik verfolgte, um die Inflation in der ehemaligen DDR nach der Wiedervereinigung zu bekämpfen, konnte Großbritannien seinen Wechselkurs nicht gegen Angriffe von Hedgefonds verteidigen, die das Pfund im Vergleich zu seinem eigentlichen Marktwert für überbewertet hielten. Infolgedessen war das Vereinigte Königreich gezwungen, den Wechselkursmechanismus zu verlassen und den Euro aufzugeben.

Mitte bis Ende der 1990er Jahre standen die südostasiatischen Länder auf den Weltmärkten in hartem Wettbewerb mit dem aufstrebenden China.
Anfang 1994 wertete China, das ein Handelsbilanzdefizit aufwies, seine Währung abrupt um 49,8 % von 5,82 Yuan auf 8,72 Yuan pro Dollar ab, als sich der Abstand zwischen dem offiziellen Wechselkurs, dem fairen Kurs, und dem Marktkurs fast verdoppelte, und seine Handelsbilanz wurde daraufhin zu einem Überschuss.

Dies führte zu einem Handelsbilanzdefizit bei Chinas südostasiatischen Konkurrenten und zu Devisenabflüssen.

Trotz der Devisenabflüsse hätten Länder wie Thailand, das eine starre Dollarbindung hatte, seine Währung, den Baht, abwerten müssen, doch aufgrund des starren Wechselkurssystems wurde der Baht nicht abgewertet und blieb durch seine Bindung an den Dollar überbewertet.

Die thailändische Regierung versuchte, den Wert des Baht aufrechtzuerhalten, indem sie Dollar auf dem Markt verkaufte, um ihn zu verteidigen, was jedoch nur die Devisenreserven des Landes erschöpfte.

In Südkorea wurde der Wechselkurs des Yen gegenüber dem Dollar stark von Japans Konkurrenten auf dem Weltmarkt beeinflusst.
Als der Yen 1985 durch das Plaza-Abkommen aufgewertet wurde, begann Korea, seine Exporte auf dem Weltmarkt zu steigern.

Die Aufwertung des Yen führte zu einem jahrelangen Aufschwung der südkoreanischen Wirtschaft. In diesem Prozess verschuldeten sich südkoreanische Unternehmen zu stark, um größer zu werden, und ihr Verschuldungsgrad erreichte vor der Krise 400 %, was sie zu einem potenziellen Risiko machte.

Auch die schrittweise Liberalisierung der Finanz- und Devisenmärkte im Hinblick auf den Beitritt zur OECD und der Wunsch der Regierung, die Währung aufzuwerten statt abzuwerten, um ein Pro-Kopf-BIP von 20.000 Dollar zu erreichen, trugen zur Verzerrung des Won bei.

Im Jahr 1995 wuchs jedoch in den USA und anderswo die Meinung, dass die japanische Wirtschaft aufgrund des überhöhten Yen und des großen Erdbebens von Kobe wiederbelebt werden müsse.
Als Reaktion darauf begann der Yen durch das Reverse-Plaza-Abkommen gegenüber dem Dollar abzuwerten, und Südkorea verzeichnete 1996 sein größtes Handelsdefizit.

Trotz dieses Devisenabflusses hielt Südkorea an einem starren Wechselkurssystem fest, dem sogenannten marktgesteuerten Durchschnittswechselkurs.
Trotz des Abflusses von Devisen durch das Handelsdefizit war Südkoreas heimische Währung, der Won, aufgrund des starren Wechselkurssystems, das seinen inneren Wert nicht widerspiegelte, überbewertet.

Die potenziellen Risiken wurden durch den so genannten "Carry Trade" verstärkt, bei dem Finanzunternehmen, die an internationalen Devisenfinanzierungsgeschäften beteiligt waren, kurzfristige Auslandsschulden mit den niedrigsten Zinssätzen aufnahmen, um die Rendite zu maximieren, und in langfristige Kredite oder riskante Instrumente mit den höchsten Zinssätzen in Südostasien, wie z. B. Thailand, investierten.

Eine Reihe von Konkursen großer Unternehmen ab Anfang 1997 und der beschleunigte Abzug von Dollars aus Südkorea, ausgelöst durch die Währungskrise in Thailand im Juli 1997, führten zu einem starken Rückgang der südkoreanischen Devisenreserven.

Allgemeine Finanzunternehmen, die versucht hatten, ihre Gewinnspanne durch Carry-Trades zu maximieren, begannen in großer Zahl inländische Gelder abzuziehen, da sie mit Schwierigkeiten bei der Aussetzung kurzfristiger ausländischer Kreditverlängerungen und Ausfällen thailändischer Investmentfonds zu kämpfen hatten.

Anfang 1997 wurde der Konkurs koreanischer Großkonzerne bekannt, und der Aktienmarkt stürzte ab. Der Wechselkurs erreichte ein Rekordhoch von über 2.000 Won pro Dollar, und die Zinssätze überstiegen 20 %.

Im Dezember 1997 gab Südkorea offiziell seinen Antrag auf ein IWF-Rettungspaket bekannt, und mit der Zusage von 55 Milliarden Dollar an Devisen begann die Regierung mit der vom IWF geforderten Umstrukturierung.

7. Wirtschaftskrise in den Jahren nach 2000

Die Wirtschaftskrisen seit dem Jahr 2000 hatten aufgrund der Globalisierung, der zunehmenden globalen Ungleichgewichte und der Verfeinerung und Komplexität der Finanztechniken infolge der Entwicklung von Wissenschaft und Technologie weitreichende Auswirkungen.

Da die globalen Finanzmärkte immer komplexer und vernetzter wurden, musste die Finanztechnologie immer fortschrittlicher werden, und die Finanzexperten entwickelten neue Methoden zur Absicherung von Risiken, wodurch die Finanzmärkte komplexer wurden.

Der Einsatz dieser neuen Finanztechniken trug jedoch auch zur Wirtschaftskrise nach dem Jahr 2000 bei, da der Einsatz von Derivaten den Anlegern ermöglichte, große Hebelwirkungen und Risiken einzugehen, was zum Zusammenbruch der Finanzinstitute während der globalen Finanzkrise 2008 beitrug.

Ein Hedgefonds namens LTCM wagte in den 1990er Jahren einen ehrgeizigen Einstieg in die globalen Kapitalmärkte und rekrutierte Stars wie Robert Merton und Myron Scholes, die das berühmte Black-Scholes-Modell der Optionspreistheorie entwickelten, als Partner.

Trotz ihrer ausgefeilten und komplexen ökonometrischen Modelle, bei denen teure Computer zum Einsatz kamen, waren sie 1998 gezwungen, Konkurs anzumelden, als ein russisches Moratorium den Kurs der russischen Staatsanleihen, in die sie investierten, einbrechen ließ.

Zuvor, im Jahr 1995, hatte Nick Leeson, der in der Niederlassung der Barings Bank in Singapur arbeitete, mit Derivaten gehandelt, indem er Straddle-Optionen verkaufte und Terminkontrakte auf den Nikkei 225 Index kaufte.
Mit seinen Derivatgeschäften hatte er jahrelang Geld verloren, verbarg seine Verluste jedoch, indem er sie auf einem geheimen Fehlerkonto namens 88888 verbuchte.

Er hatte jedoch eine beträchtliche Long-Position in Futures, und als das große Erdbeben von Kobe in Japan massive Verluste verursachte, faxte er seinen Rücktritt an die Londoner Zentrale und gab seine Verluste zu.
Die Folgen des Verhaltens dieser einzelnen Person waren verheerend und führten zum Zusammenbruch der über 200 Jahre alten Barings Bank of England.

Trotz dieser durch Derivate ausgelösten Marktkrisen wurden weiterhin Derivate auf den Markt gebracht, was die Theorie der Portfoliodiversifizierung widerspiegelt, die besagt, dass das Risiko durch die Kombination von Portfolios mit niedrigen Korrelationskoeffizienten verringert werden kann.

Asset-Backed Securities (ABS), Mortgage-Backed Securities (MBS), Collateralized Debt Obligations (CDOs) und Collateralized Mortgage Obligations (CMOs) wurden entwickelt, um Kredite zu verbriefen, und die Anleger glaubten, dass diese Produkte ihr Risiko absichern und ihre Verluste minimieren würden.

Nach der Weltwirtschaftskrise im Jahr 1929 ermöglichte die Aufhebung des Glass-Steagall-Gesetzes, das den US-Banken die Anlage von Kundeneinlagen in riskante Vermögenswerte wie Aktien untersagte, den Investmentbanken den Einstieg in das Geschäft der Geschäftsbanken und führte zur Gründung großer Finanzinstitute durch Fusionen.

In den USA, wo die Einlagenzinsen durch die Regulation-Q begrenzt waren, die nach der Großen Depression erlassen wurde, um einen Ansturm auf die Banken zu verhindern, führte die Lockerung der Regulation-Q zu einem verstärkten Wettbewerb um Einlagen und zu der Notwendigkeit für die Finanzinstitute, Anlagemöglichkeiten mit höherem Ertrag zu finden und zu verwalten.

Anfang bis Mitte der 2000er Jahre begann der US-Immobilienmarkt allmählich zu steigen, da die US-Notenbank die Zinsen niedrig hielt, um die US-Wirtschaft anzukurbeln, die durch das Platzen der Dot-Com-Blase und die Ereignisse des 11. Septembers unter Druck geraten war.

Der Zustrom von Geld in den Immobilienmarkt förderte auch die spekulative Nachfrage, wodurch die Immobilienpreise in die Höhe schnellten und die Nachfrage nach Bauvorhaben zunahm.
Um den stark nachgefragten Immobilienmarkt zu finanzieren, begannen die Immobilienkreditgeber, ihre Kreditvergabestandards zu lockern und Subprime-Hypotheken für Kreditnehmer mit niedrigeren Bonitätseinstufungen und höherer Risikogewichtung anzubieten, was zu einer Überhitzung führte.

Auf dem internationalen Markt begann internationales Kapital, wie z. B. Staatsfonds und Pensionsfonds im Nahen Osten, die durch den Anstieg der Ölpreise aufgrund der erhöhten Ölnachfrage Chinas und Indiens, die weiterhin ein hohes Wachstum verzeichneten, Vermögen angehäuft hatten, nach sicheren Anlagen zu suchen.

In dieser Atmosphäre begannen US-Investmentbanken mit der Entwicklung von Derivaten, die das Risiko auf der Grundlage fortschrittlicher Finanztechniken diversifizieren und durch Zahlungsgarantien von großen Versicherungsgesellschaften wie AIG ein besseres Kreditrating erhalten konnten, und konzentrierten sich auf den boomenden US-Immobilienmarkt.

Subprime-Hypotheken wurden mit höher bewerteten Prime- und Alt-A-Hypotheken zu verbrieften Wertpapieren, so genannten MBS, zusammengefasst, die je nach Bonität, Risiko und Rentabilität in so genannte Tranchen unterteilt und als CDOs (eine Mischung aus Aktien und anderen Instrumenten) oder CMOs (reine Hypothekenprodukte) ausgegeben wurden.

Rating-Agenturen vergaben Ratings für jedes Wertpapier, und CDOs und CMOs mit hohen Ratings galten als sicher, da sie das Risiko durch Diversifizierung absicherten.

Derivate wie CMOs und CDOs, die mit Hilfe komplexer Verbriefungstechniken erstellt wurden, und Subprime-Hypotheken, die schlecht dokumentiert und daher weniger kreditwürdig waren, ließen sich jedoch nur schwer richtig bewerten.

Als sich der Immobilienmarkt überhitzte und eine Inflation eintrat, wurden die Zinssätze wie immer angehoben und die Geldpolitik gestrafft, um die Inflation unter Kontrolle zu halten und die US-Wirtschaft wieder auf eine sanfte Landung einzustellen. Von 2004 bis 2006 erhöhte die Federal Reserve die Zinssätze von 1 % auf 5,25 %.

Als die Immobilienpreise aufgrund des Überangebots an Immobilien und der steigenden Zinssätze fielen, begannen Subprime-Hypothekarkreditnehmer, die Darlehen mit hohen Zinssätzen aufgenommen hatten, ihre Kredite nicht mehr zu bedienen, und Zwangsvollstreckungen von Häusern nahmen zu, wodurch der Immobilienmarkt noch weiter fiel.

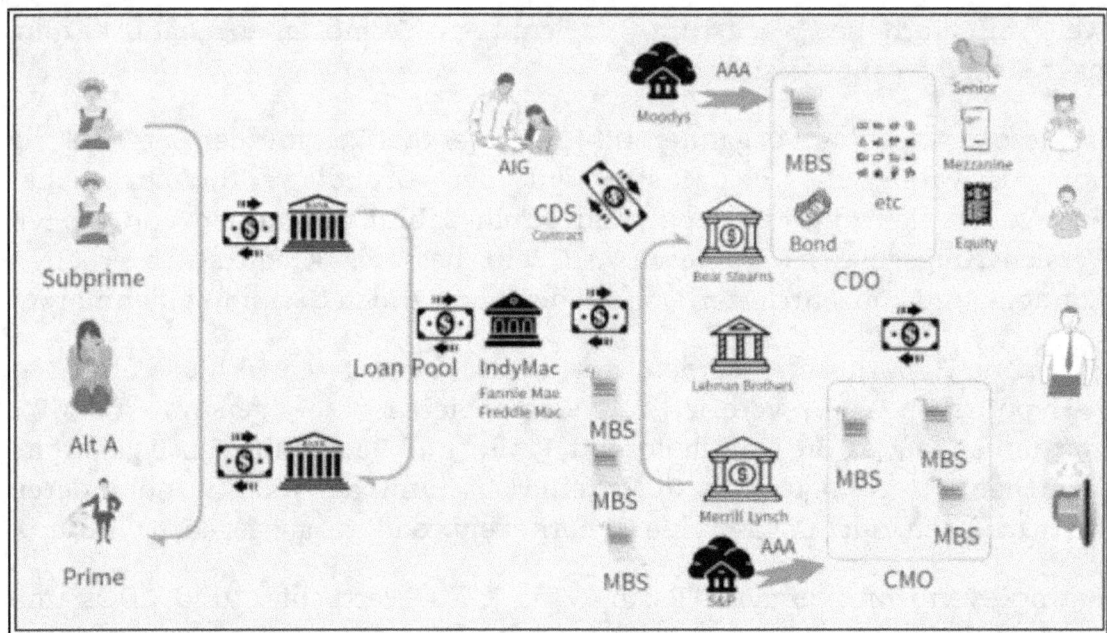

Insbesondere Subprime-Hypothekarkreditnehmer hatten oft Kredite mit variablen Zinssätzen, was die steigenden Zinsen für sie teurer machte und zu mehr Insolvenzen führte. Als die Subprime-Hypotheken ausfielen, begannen die Anleger in damit verbundenen Derivaten wie MBS, CDOs und CMOs kaskadenartig Geld zu verlieren.

Im Jahr 2007 ging der Subprime-Hypothekenfinanzierer New Century Financial in Konkurs und löste damit die globale Finanzkrise aus. Im März 2008 brach die Bear Stearns Bank, die fünftgrößte US-Investmentbank, zusammen, und im Sommer 2008 wurden die größten US-Hypothekenfinanzierer - IndyMac, Fannie Mae und Freddie Mac - geschlossen.

Im September 2008 brach dann Lehman Brothers, die viertgrößte US-Investmentbank, zusammen, und Merrill Lynch, die drittgrößte, wurde an BOA verkauft. Die größte Versicherungsgesellschaft der Welt, American International Group (AIG), wurde mit öffentlichen Geldern gestützt.

Im Jahr 2009 meldete GM, der weltgrößte Automobilhersteller, Konkurs an, und die US-Regierung schoss 2,81 Billionen Dollar zur Bewältigung der Krise zu.

Das Gesamt-BIP von Südkorea beträgt etwa 1,8 Billionen Dollar, und das Gesamt-BIP von Frankreich, der siebtgrößten Volkswirtschaft der Welt, liegt bei etwa 2,8 Billionen Dollar, so dass die US-Regierung mehr Geld in die Krise steckte als das Gesamt-BIP Frankreichs zu dieser Zeit.

Während des GFC belief sich der Markt für Hypothekenprodukte 2007 auf etwa 13,1 Billionen Dollar, und obwohl nicht alle von ihnen scheiterten und Geld verloren, litten die Investmentbanken, die während des Immobilienbooms Spaß an MBS, CDOs usw. hatten, am meisten.

Sie hatten viele CDS, ein versicherungsähnliches Produkt, abgeschlossen, um das Risiko von Hypothekenprodukten abzudecken, konnten aber nicht damit rechnen, von den insolventen Versicherungsgesellschaften zurückgezahlt zu werden.

Als die Subprime-Hypotheken fällig wurden, gingen zuerst die Geschäftsbanken und New Century Financial, die an vorderster Front als Kreditgeber und Originatoren von MBS auftraten, in Konkurs, und Unternehmen wie IndyMac, Fannie Mae und Freddie Mac, die in erster Linie Hypotheken bündelten und als MBS bezeichnete Wertpapiere schufen, gingen in dem Maße in Konkurs, wie MBS fällig wurden.

Darüber hinaus meldeten Investmentbanken wie Bear Stearns, Lehman Brothers und Merrill Lynch, die MBS-Produkte zur Erstellung anderer Derivate wie CDOs und CMOs lieferten und diese an Investoren verkauften, aufgrund des Scheiterns von CDOs und anderen Derivaten Konkurs an.

AIG, die größte Versicherungsgesellschaft der Welt, hatte mit dem Verkauf von CDS zur Absicherung gegen das Scheitern dieser Derivate ein Vermögen verdient, musste aber ebenfalls Konkurs anmelden, da sie aufgrund des kaskadenartigen Scheiterns von MBS, CDOs, CMOs usw. mit Anfragen zur Erfüllung von CDS-Verträgen überschwemmt wurde.

Bernanke, der damalige Vorsitzende der US-Notenbank, war ein Experte für die Große Depression und die japanische Wirtschaft sowie ein Experte für quantitative Lockerung.

In der Überzeugung, dass das Rezept für die globale Finanzkrise in einer Ausweitung der Geldmenge bestand, einschließlich der quantitativen Lockerung, die Geld in die Märkte, einschließlich der Finanzinstitute und Unternehmen, pumpt, senkte er den Leitzins auf nahezu Null und schüttete zusätzlich öffentliche Gelder aus.

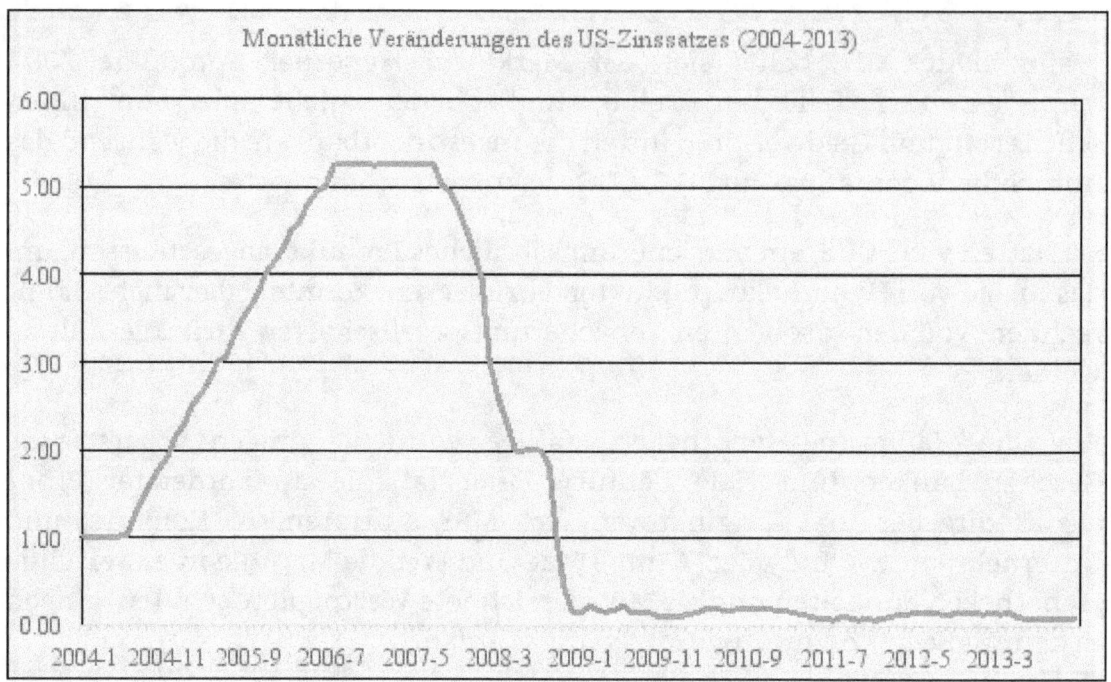

Monatliche Veränderungen des US-Zinssatzes (2004-2013)

Da durch die quantitative Lockerung - den Ankauf von Staatsanleihen auf dem Sekundärmarkt - sowie durch öffentliche Geldspritzen und Zinssenkungen Geld in den Markt gepumpt wurde, konnten Finanzinstitute und Unternehmen, die am Rande des Bankrotts standen, gerettet werden und die US-Wirtschaft begann sich zu erholen.

Darüber hinaus löste die Wirtschaftskrise in den USA die Finanzkrise in Griechenland aus, die auf andere südeuropäische Länder, darunter die so genannten PIGS (Portugal, Italien, Griechenland und Spanien), übergriff.
Um die Ausbreitung der globalen Finanzkrise zu verhindern, betonten die Vereinigten Staaten das globale wirtschaftliche Koordinierungssystem durch Wirtschaftsgemeinschaften wie die G20 und halfen jedem Land bei der Verhinderung von Devisenkrisen durch die Bereitstellung von US-Dollar, z. B. durch das US-Dollar-Währungs-Swap-Abkommen.

8. Merkmale und Aussichten moderner Wirtschaftskrisen
Wir haben uns die wichtigsten Beispiele für Wirtschaftskrisen in der Geschichte angesehen. Betrachten wir nun die Gemeinsamkeiten zwischen diesen Beispielen und überlegen wir, was moderne und frühere Krisen voneinander unterscheidet und was sich geändert hat.
Wie wir gesehen haben, waren Globalisierung und finanzielle Raffinesse die Schlüsselwörter, die das 20. Jahrhundert von der Zeit vor dem 20. Zwar gab es schon vorher europäische Mächte, die Merkantilismus und Freihandel praktizierten, doch gab es noch keinen internationalen Marktplatz, der die

meisten Länder der Welt umfasste.

Mit Ausnahme einiger weniger Länder wie Spanien, den Niederlanden und dem Vereinigten Königreich war das Verhältnis zwischen Binnen- und internationalem Handel überwiegend zugunsten des Inlandsmarkts, und der internationale Handel war gering.

Da das Geldangebot aufgrund des Goldstandards bzw. des Silberstandards, der implizit als Währungssystem des Landes verwendet wurde, nicht gleichmäßig war, war die Lösung des Nachfrageüberhangs in der Realwirtschaft immer ein Problem, und der internationale Handel wurde als Maßnahme zur Ausweitung des Angebots genannt, um dieses Problem zu lösen.

Daher war es unter dem Goldstandard unwahrscheinlich, dass es zu einer Finanzkrise aufgrund eines Geldmangels kam, und eine Währungskrise war aufgrund der Beschränkungen des internationalen Handels und des grenzüberschreitenden Kapitalverkehrs unwahrscheinlich.

Bei der damaligen Wirtschaftskrise handelte es sich um eine Fiskalkrise, d. h. um ein Problem mit Staatsanleihen, die vom Staat zur Finanzierung der Kriegsausgaben ausgegeben wurden, was vor allem auf die häufigen Kriege zurückzuführen war.

Die Fiskalkrise führte zu mehreren Blasen, die infolge der übermäßigen Übertragung von Staatsschulden auf private Investoren platzten. Die größte Versuchung für Regierungen, die übermäßige Staatsverschuldung zu lösen, besteht jedoch darin, mit ihren unbegrenzten Druckerpressen Geld zu drucken.

Um dies zu erreichen, musste der schwerfällige Goldstandard abgeschafft werden, und bis 1971 war der Goldstandard immer wieder vom Tisch.

Aufgrund der begrenzten Goldmenge war das auf Goldreserven basierende Geldangebot schon immer begrenzt, und mit Ausnahme des Zuflusses von Gold aus der spanischen Kolonialisierung Lateinamerikas war Gold schon immer knapp, was das Angebot an Geld begrenzte.

In einer Marktwirtschaft gibt es immer einen Mangel an Geld und immer einen Mangel an realen Gütern, so dass sowohl auf dem realen Markt als auch auf dem Geldmarkt ein Nachfrageüberhang besteht. Das Say'sche Gesetz, das besagt, dass das Angebot die gesamte Nachfrage befriedigen wird, war eine Aussage über die damaligen wirtschaftlichen Bedingungen.

Die Abschottung des internationalen Handels und der Kapitaltransaktionen begrenzte das Ausmaß der Krise und trug dazu bei, dass sie lokal begrenzt blieb.

Darüber hinaus waren staatliche Eingriffe wie die Abschaffung des Goldstandards, die künstliche Ausgabe von Staatsanleihen und das wahllose Drucken von Geld die Ursache für alle wirtschaftlichen Probleme.

Daher wurde die Rolle der Regierung eingeschränkt und für ihre Eingriffe in den Markt kritisiert, und die Rolle der Regierung wurde reduziert.

Während der Blütezeit der spanischen Kolonisation flossen mehr als 80 % des weltweiten Gold- und Silberangebots nach Spanien, aber aufgrund der vielen Kriege war es überraschenderweise Spanien, das das erste nationale Moratorium im 16.

Jahrhundert das erste nationale Moratorium ausrief. Die große Menge an Gold und Silber aus den Kolonien führte zu einer Inflation, ebenso wie die Vertreibung der Juden und die Konfiszierung ihres Besitzes zur Finanzierung der Kriegsausgaben.

Da die Kriegsausgaben dennoch nicht ausreichten, nahm man Kredite bei europäischen Geldgebern auf und emittierte verschiedene Staatsanleihen, aber der Druck der angehäuften Schulden und Zinsen war so groß, dass man ein Moratorium ausrief.

Als nach dem Zeitalter der Entdeckungen der Merkantilismus Einzug hielt, wurde die Bedeutung des internationalen Handels hervorgehoben, und das Konzept der Zahlungsbilanz wurde anerkannt.

Darüber hinaus begann das Finanzsystem ernsthaft mit der Verwaltung von Geld wie Gold und Silber, das aus dem Handelsüberschuss stammte, zu arbeiten.

Im 19. Jahrhundert löste die kapitalistische Wirtschaft, die schon immer unter einem Nachfrageüberhang gelitten hatte und an das Say'sche Gesetz glaubte, dieses Problem durch die industrielle Revolution und schuf eine einzigartige Situation des Überangebots.

Als sich die Eisenbahn als Transportmittel verbreitete, wurden private Banken gegründet, um die massiven Investitionen zu finanzieren, und das Finanzsystem begann, sich von der Privat- zur Unternehmensfinanzierung auszuweiten.

Das Wort Kredit wird in der Finanzwelt austauschbar mit Darlehen, Krediten und dem Einsatz von Fremdkapital verwendet.

Außerdem basierte die Ausgabe nationaler Währungen, die nach dem Goldstandard aufkam, ebenfalls auf Krediten, so dass der Begriff

Kreditexpansion auch für die Ausweitung der Geldmenge verwendet wird.

Als die Transaktionen zunahmen, wurde es notwendig, eine bequeme Währung anstelle von unbequemen Währungen wie Gold und Silber einzuführen, und da die Interessen der Regierung, die Geld auf der Grundlage von staatlichem Vertrauen emittieren wollte, übereinstimmten, wurden Zentralbanken für die Geldemission gegründet.

Und als die Zahl der privaten Banken, die zwischen der Zentralbank und dem privaten Sektor vermittelten, zunahm, begann sich das Finanzsystem durchzusetzen.

Da sich die Kreditvergabe durch das Finanzwesen ausweitete, nutzten viele Menschen die Hebelwirkung, um Investitionen zu tätigen, und da die Geldmengenausweitung zu Inflation führte, plädierten einige für einen strengen Goldstandard, um die Inflation zu begrenzen.

Ein Krieg ist jedoch eine dringende und dringende Situation, die oft von freiheitsbeschränkenden Maßnahmen wie dem Kriegsrecht begleitet wird. Die Notwendigkeit, den Krieg durch die Abschaffung des Goldstandards zu finanzieren, hatte Vorrang vor der Sorge um die Inflation.

Der Erste Weltkrieg war ein wichtiger Meilenstein in der Neuzeit und in der Zeit davor.

Zu den zuvor lokal begrenzten Kriegen gesellten sich nun Verbündete und Alliierte, und Länder in Europa, Asien und Amerika beteiligten sich alle am Krieg, und der grenzüberschreitende Handel begann zu florieren, und der Kapitalverkehr wurde durch ein modernisiertes Finanzsystem ermöglicht.

Anders als in der Vergangenheit, als Wirtschaftskrisen lokal begrenzt waren, breiteten sich Kriege über die ganze Welt aus, und Wirtschaftskrisen begannen sich schnell zu verbreiten, ebenso wie die Inflation. Die Globalisierung und die Verfeinerung des Finanzsystems hatten begonnen.

In den Vereinigten Staaten, wo der Überschuss in der internationalen Handelsbilanz aufgrund der Lieferung von Kriegsmaterial Gold aus dem Ausland einbrachte und das Geldangebot ausweitete, kam es aufgrund des Überangebots an Geld auf dem Geldmarkt zur Inflation. Das Geld floss in Immobilien und den Aktienmarkt, und der Markt boomte.

Der Finanzmarkt und der reale Markt waren eng miteinander verflochten, da das Finanzsystem den realen Markt stützte, und der Finanzmarkt und der reale Markt waren eng miteinander verflochten, da das Finanzsystem den realen Markt stützte.

Grund für die Ausbreitung und die Dauer der neuen Wirtschaftskrise der Großen Depression waren die sich verändernden Trends der Globalisierung und der finanziellen Raffinesse.

Der Preis von Waren und Dienstleistungen, der Preis des Geldes und damit auch die Zinssätze basieren auf den Preisen auf dem heimischen Markt, werden aber auch nach einem internationalen Standard, dem Wechselkurs, höher oder niedriger bewertet. Der Wechselkurs ist eine Variable, die innerhalb des marktwirtschaftlichen Systems wirkt, indem sie es dem Markt ermöglicht, sich selbst zu korrigieren und Ungleichgewichte zum Gleichgewicht zu bringen.

Wenn ein Überschuss in der Kapitalbilanz durch einen Überschuss in der internationalen Handelsbilanz oder einen Anstieg der inländischen Zinssätze entsteht, erhöht sich das Angebot an Fremdwährungen, z. B. an zugeflossenen Dollars, wodurch der Preis der Fremdwährung sinkt und der Preis der Landeswährung steigt, was zu einer Aufwertung führt.

Im umgekehrten Fall führt ein Handelsbilanzdefizit zu einer Abwertung. Wenn sich der Wert der Landeswährung ändert, hat sie eine selbstkorrigierende Funktion, die zu Veränderungen in der Handelsbilanz oder der Kapitalbilanz führt, indem sie die preisliche Wettbewerbsfähigkeit verändert und zum Gleichgewicht zurückkehrt.

In der Vergangenheit gab es jedoch Beschränkungen und Preiskontrollen im internationalen Handel und Kapitalverkehr, wie die Einführung von Schutzzöllen oder Quoten, Devisenvorschriften und starre Wechselkurssysteme wie das Peg-System, wie die Konfrontation zwischen Merkantilismus und Merkantilismus und Protektionismus und Liberalismus, und diese Vorschriften wurden als Mittel zur Verhinderung der Ausbreitung von Wirtschaftskrisen eingesetzt.

Im Zuge der Globalisierung ist es für die Länder unmöglich geworden, zu überleben, wenn sie sich nicht der Welt öffnen. Um internationale Unterstützung zu erhalten, z. B. durch den Beitritt zu internationalen Organisationen und die Gewährung von Krediten, haben sie keine andere Wahl, als sich am Wettbewerbssystem des Weltmarkts zu beteiligen, indem sie ihre Kapitalmärkte öffnen, den Freihandel einführen und die marktfeindliche Preiskontrollpolitik abschaffen.

In der Vergangenheit war das Wirtschaftssystem aufgrund des Goldstandards und verschiedener ordnungspolitischer Maßnahmen starr, so dass die Häufigkeit von Wirtschaftskrisen gering war und es Zeit brauchte, Wirtschaftskrisen zu überwinden.

In der heutigen Zeit jedoch haben die Globalisierung und die Verfeinerung des Finanzsystems die Geschwindigkeit der globalen Ausbreitung und die Welleneffekte beschleunigt.
Da die globale Vernetzung ebenfalls zugenommen hat, sind die Länder auf jedem Kontinent der Welt von Wirtschaftskrisen betroffen, und die Häufigkeit von Wirtschaftskrisen, die ihre Länder betreffen, ob groß oder klein, hat zugenommen, aber sie werden aufgrund der Zusammenarbeit zwischen den Ländern und der Elastizität der Marktpreise oft in relativ kurzer Zeit überwunden.

Die zunehmende Vernetzung durch die Globalisierung hat jedoch zu einem längeren Zyklus von Wirtschaftskrisen geführt, einschließlich der Ausbreitung von Wirtschaftskrisen und der Auslösung anderer Wirtschaftskrisen.
Auch wenn es schwierig ist, darin eine inhärente Ursache zu sehen,

lässt die Ausbreitung externer Wirtschaftskrisen bei gleichzeitigen internen Problemen häufig Blasen platzen oder wirkt als Auslöser für Krisen.

Darüber hinaus hat die Entwicklung des Financial Engineering zur Entwicklung komplexer Absicherungstechniken für verschiedene Risiken auf den Finanzmärkten geführt.

Diese Techniken entfernen die Anleger zunehmend von den zugrunde liegenden Vermögenswerten und überlagern den Prozess von Ursache und Wirkung, so dass es immer schwieriger wird, die Marktgröße verwandter Produkte, ihre Spillover-Effekte und ihre Ursachen zu bestimmen.

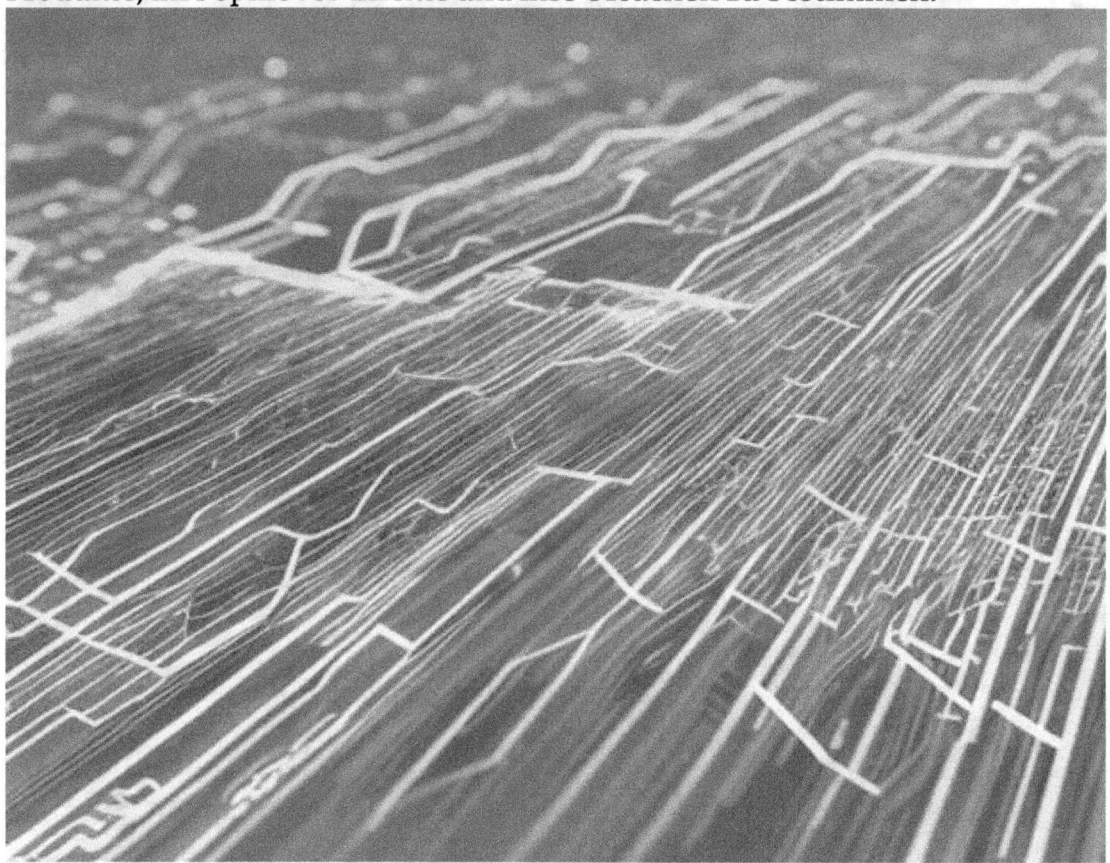

Die Entwicklung komplexerer und datengesteuerter Finanzinstrumente in Verbindung mit den jüngsten Fortschritten in den Bereichen künstliche Intelligenz, Wissenschaft und Technologie wird sich wahrscheinlich fortsetzen, und es ist schwer vorherzusagen, welche Krisen sich als Nebeneffekte dieser finanziellen Raffinesse manifestieren werden.

Seit dem Ersten Weltkrieg und der Weltwirtschaftskrise hat sich das Tempo der Globalisierung beschleunigt, und die Finanztechniken sind immer ausgefeilter geworden. Infolgedessen ist zu erwarten, dass Wirtschaftskrisen immer häufiger auftreten werden.

So wie es einfach ist, ein Rezept für eine bekannte Krankheit wie eine Erkältung oder ein Wehwehchen zu bekommen, lässt sich auch das Rezept für eine bekannte Wirtschaftskrise durch einen Blick auf vergangene Beispiele leicht ermitteln.

Doch wie bei Krankheiten, die noch nicht vollständig besiegt sind oder deren Ursachen schwer zu ermitteln sind, wie Krebs oder das Coronavirus, sind Wirtschaftskrisen, die auftreten, wenn das marktwirtschaftliche System versagt oder mit dem Tempo der Globalisierung und der finanziellen Raffinesse nicht Schritt halten kann, wahrscheinlich schwerer zu überwinden. Vor dem 20. Jahrhundert war ein Nachfrageüberhang eine Selbstverständlichkeit und ein Angebotsüberhang ein besonderes Ereignis, das nur in Ausnahmefällen auftrat.

Im 20. Jahrhundert wurde das Überangebot jedoch zur Norm, und die Weltwirtschaftskrise brach über die Welt herein.
Es dauerte lange, bis eine Lösung für diese neue Form der Wirtschaftskrise gefunden wurde, und erst nach den extremen und zerstörerischen Ereignissen des Zweiten Weltkriegs war die Große Depression vollständig überwunden.

Niemand weiß, was die Zukunft für Wissenschaft und Technologie bereithält. Das Anbringen von Augäpfeln an Teddybären, eine der arbeitsintensivsten Nebentätigkeiten in rückständigen Ländern vor 30-40 Jahren, wird immer noch in Bangladesch und anderen Teilen Asiens und Afrikas erledigt, aber mit dem Aufkommen der KI-Technologie werden diese einfachen, sich wiederholenden Aufgaben in Formen wie die KI-Datenbeschriftung umgewandelt.

Obwohl es im Grunde keinen großen Unterschied zu geben scheint, haben computergestützte Aufgaben die vorgefasste Meinung, dass sie technologieintensiv sind und dem Uneingeweihten luxuriös erscheinen.
Früher oder später werden Menschen, die Teddybären mit Augäpfeln bekleben, mit der Kennzeichnung von KI-Daten auf Computern mehr Geld verdienen können, und es ist nicht abzusehen, wie selbst einfache, sich wiederholende Aufgaben in 10 Jahren aussehen werden.

In dieser sich wandelnden Welt ist es schwierig vorherzusagen, welche Art von Finanzprodukten in den nächsten 10 Jahren auf den Markt kommen wird und welche Art von spekulativen Produkten in der realen Welt ein Thema sein werden.

Wir wissen nicht, ob die derzeitige globale Finanzordnung, die auf dem Goldstandard und dem Dollar basiert, um andere Währungen herum umgestaltet wird oder ob sie sich auf digitale Vermögenswerte wie Bitcoin konzentrieren wird.

Wenn sich Systeme wie Decentralized Finance (DeFi) durchsetzen, könnten viele Finanzinstitute und -vermittler verschwinden.

Außerdem können aufgrund der Komplexität IT-gestützter Systeme neue und unvorhersehbare Variablen, wie Marktstörungen durch Computerhacker oder die Stabilität von Computersystemen, Wirtschaftskrisen auslösen.

Werden die Zentralbanken der Welt in der Lage sein, neuartige Wirtschaftskrisen, die aus unterschiedlichen Quellen entstehen, mit konventionellen Methoden wie der Geldpolitik und quantitativen Lockerungsprogrammen, die Staatsanleihen auf dem Sekundärmarkt aufkaufen, zu verhindern?

Um zu überleben, müssen wir jedoch mit der Entwicklung neuer Technologien Schritt halten und uns auf die damit verbundenen Risiken und deren Bewältigung vorbereiten.

Außerdem müssen wir uns mit Wirtschaftskrisen befassen und uns auf solche vorbereiten, die in ähnlicher Form wie die derzeitigen auftreten werden, da sie jetzt oder in naher Zukunft wahrscheinlich eintreten werden.

Der Begriff und die Ursprünge des Finanzwesens

Der Begriff "Finanzen" hat sich im Laufe der Zeit sowohl im klassischen als auch im modernen Sinne weiterentwickelt. Im klassischen Sinne bezieht sich der Begriff Finanzen auf die Verwaltung von Geld und Vermögenswerten zur Erzielung finanzieller Erträge.

Dazu gehört die Beschaffung von Geld durch Kapitalbeteiligungen und Kredite, um bestimmte Ziele zu erreichen, wie die Finanzierung eines Projekts oder die Investition in ein Unternehmen.

Im modernen Sinne hat sich der Begriff Finanzen auf ein breiteres Spektrum von Tätigkeiten ausgedehnt, darunter Finanzplanung, Risikomanagement und Financial Engineering.

Bei der Finanzplanung geht es um die Entwicklung einer umfassenden Finanzstrategie, die auch die Altersvorsorge, das Investitionsmanagement und die Steuerplanung umfasst. Beim Risikomanagement geht es um die Identifizierung und Bewertung potenzieller finanzieller Risiken und die Entwicklung von Strategien zur Absicherung und Steuerung dieser Risiken.

Ein konkretes Beispiel für den Finanzbereich ist der Aktienmarkt, an dem Anleger Aktien von Unternehmen kaufen und verkaufen. Hier beschaffen sich Unternehmen Geld, indem sie Aktien verkaufen, und die Anleger können von der Kurssteigerung der Aktien profitieren.

Ein weiteres Beispiel ist ein Bankkredit, bei dem ein Kreditnehmer Mittel zur Finanzierung eines Projekts oder einer Anschaffung erhalten kann, aber neben dem Kapital auch Zinsen zahlen muss.

Konzepte wie Budgetierung, Sparen und Investieren können auch auf persönliche finanzielle Aktivitäten angewendet werden.

So erstellen Einzelpersonen beispielsweise ein Budget, um ihre Einnahmen und Ausgaben zu verwalten. Sie können auch Geld für zukünftige Ziele sparen, z. B. für den Kauf eines Hauses, und in Aktien oder Investmentfonds investieren, um ihr Vermögen im Laufe der Zeit zu vermehren.

Das Finanzwesen spielt in der modernen Gesellschaft eine wichtige Rolle, da es Einzelpersonen, Unternehmen und Regierungen die Instrumente und Ressourcen zur Verfügung stellt, die sie für eine effektive Verwaltung ihrer Finanzen benötigen.

Die Ursprünge des Finanzwesens lassen sich bis zu alten Zivilisationen wie Mesopotamien und Ägypten zurückverfolgen. In diesen frühen Gesellschaften spielte das Finanzwesen eine wichtige Rolle bei der Erleichterung von Handel und Gewerbe und der Verwaltung von Ressourcen und Reichtum.

In einer der frühesten Zivilisationen, Mesopotamien im Nahen Osten, wurde das Finanzwesen als Mittel zur Erleichterung von Handel und Gewerbe entwickelt.

Die Babylonier beispielsweise entwickelten ein Finanzsystem mit Darlehen, Krediten und Bürgschaften sowie Verträgen und Schuldscheinen, um Kaufleute bei der Finanzierung ihrer Unternehmungen und beim Risikomanagement zu unterstützen.

Die alten Babylonier verfügten über ein für ihre Zeit fortschrittliches Kredit- und Darlehenssystem. Dies belegen verschiedene Keilschrifttafeln, die von Archäologen im heutigen Irak gefunden wurden.

Eine der Tafeln, die so genannten Murashu-Dokumente, verrät Einzelheiten über das Finanzgebaren der babylonischen Kaufleute. Die Muraschu-Familie war im 5. Jahrhundert v. Chr. eine bedeutende Kaufmannsfamilie in Babylon, und diese Dokumente geben Aufschluss darüber, wie sie ihre Geschäfte führten.

Diesen Aufzeichnungen zufolge gewährte die Familie Murashu anderen Kaufleuten Darlehen und kassierte dafür Zinsen. Zur Absicherung dieser Darlehen verwendeten sie einen Vertrag, der "kudurru" genannt wurde.

Ein Kudurru ist eine Art antike Tontafel, die dazu diente, eine rechtliche Vereinbarung oder einen Vertrag zwischen zwei Parteien festzuhalten, und Kudurru galten als heilige Objekte, die die Gegenwart eines Gottes oder einer Göttin symbolisierten.

Die Kuduru fasste die Bedingungen der Vereinbarung zusammen, und beide Parteien fügten ihre Siegel oder Unterschriften hinzu, um sie dann in einem Tempel oder an einem anderen heiligen Ort aufzubewahren.

Mit der Erstellung eines Kuduru riefen die beteiligten Parteien die Macht der Götter an, um sicherzustellen, dass der Vertrag eingehalten wurde. Ein Verstoß gegen die Bedingungen eines Kuduru-Vertrags galt als schweres Vergehen gegen die Götter und konnte göttliche Strafe nach sich ziehen. Das kuduru diente als Vertrag oder Schuldschein im modernen Sinne.

Neben der Kreditvergabe betrieb die Murashu-Familie auch eine Form von Geschäften, die als pardes bekannt waren, ein Gemeinschaftsunternehmen mit anderen Kaufleuten zur Finanzierung großer Handelsexpeditionen oder anderer Unternehmungen.

Das babylonische Finanzwesen war für seine Zeit sehr ausgeklügelt, und die Aufzeichnungen von Kaufleuten wie der Familie Murashu geben uns einen Eindruck von diesem komplexen System und seiner Verwaltung.

Im alten Ägypten spielten die Finanzen eine sehr wichtige Rolle bei der Verwaltung der Ressourcen und des Reichtums des Landes. Pharaonen und andere Herrscher entwickelten Systeme zur Finanzierung ihrer Armeen, Tempel und öffentlichen Bauten, und sie entwickelten auch ausgeklügelte Finanzsysteme, die Darlehen, Einlagen und Garantien umfassten.

Aufzeichnungen über das altägyptische Finanzwesen finden sich hauptsächlich in Papyrusrollen, die von Archäologen entdeckt wurden. Aus diesen Dokumenten geht hervor, wie die Ägypter ihre Finanzen verwalteten und welche verschiedenen Instrumente sie dabei einsetzten.

Eines der wichtigsten Instrumente im altägyptischen Finanzsystem war der Schat. Schats waren Staatsanleihen, die an den privaten Sektor verkauft wurden, um öffentliche Projekte zu finanzieren. Schats versprachen einen festen Zinssatz und wurden in verschiedenen Stückelungen ausgegeben, um sie einem breiten Spektrum von Anlegern zugänglich zu machen.

Ein weiteres Finanzinstrument war das Bankensystem, Per-ankh genannt. Per-ankh bedeutet "Haus des Lebens" und war eine Bank, die eine Reihe von Finanzdienstleistungen anbot, darunter Kredite, Einlagen und Garantien. Per-ankh war mit Tempeln verbunden und wurde von Priestern verwaltet, die dort arbeiteten.

Zusätzlich zu diesen Instrumenten entwickelten die alten Ägypter ausgeklügelte Buchhaltungs- und Aufzeichnungssysteme.
Sie verwendeten Hieroglyphen und Kurzschrift, um Transaktionen aufzuzeichnen, und führten detaillierte Aufzeichnungen über Steuern, Tribute und andere Einnahmequellen.

Mit der Zeit entwickelte sich das Finanzwesen weiter und wurde immer ausgefeilter. Während des Mittelalters und der Renaissance entwickelten europäische Kaufleute und Bankiers neue Finanzinstrumente zur Finanzierung von Handel und Gewerbe.
Im Mittelalter und in der Renaissance spielten europäische Kaufleute und Bankiers eine zentrale Rolle bei der Finanzierung von Fernhandel und -geschäften.

Sie entwickelten neue Finanzinstrumente und Techniken zur Risikoverwaltung, Kapitalbeschaffung und Erleichterung des internationalen Handels, darunter die Anleihe.
Anleihen waren im Wesentlichen Darlehen von Anlegern an Regierungen, Kaufleute oder andere Organisationen. Anleihen versprachen einen festen Zinssatz und wurden für einen bestimmten Zeitraum ausgegeben, nach dessen Ablauf das Kapital an den Anleger zurückgezahlt wurde.
Anleihen boten Regierungen und Kaufleuten die Möglichkeit, Projekte zu finanzieren, und waren für Privatpersonen, die eine stabile Einkommensquelle suchten, eine attraktive Investition.

Die Entwicklung von Anleihen in Europa ist eng mit der Entstehung des modernen Bankensystems verbunden.

Im 14. und 15. Jahrhundert begannen italienische Kaufleute und Bankiers mit der Entwicklung neuer Finanzinstrumente wie Wechsel und Schuldscheine. Diese Finanzinstrumente ermöglichten es den Kaufleuten, den Fernhandel zu finanzieren, indem sie die mit dem Währungsumtausch und dem Transport verbundenen Risiken reduzierten.

Aufzeichnungen aus dieser Zeit geben Aufschluss über die Entwicklung von Anleihen und anderen Finanzinstrumenten.
Aus den Aufzeichnungen der Medici-Bank, einer der wichtigsten Banken der Renaissance, geht beispielsweise hervor, wie Anleihen zur Finanzierung von Kaufleuten und Regierungen beitrugen und wie sie verwendet wurden.

Die Medici-Bank wurde im 14. Jahrhundert in Florenz, Italien, gegründet und wuchs schnell. Jahrhundert in Florenz gegründet und wuchs schnell. Sie spielte eine wichtige Rolle bei der Finanzierung der Aktivitäten der florentinischen Regierung und des Papsttums sowie bei der Bereitstellung von Mitteln für Kaufleute, die im Fernhandel tätig waren.

Die Aufzeichnungen der Medici-Bank enthalten Informationen über die von der Bank ausgegebenen Anleihen und deren Zinssätze sowie Informationen über die verschiedenen Projekte, die durch Anleihen finanziert wurden, darunter der Bau öffentlicher Gebäude und die Finanzierung des Militärs.

Die Entwicklung von Anleihen und anderen Finanzinstrumenten während des Mittelalters und der Renaissance spielte eine wichtige Rolle für das Wachstum des internationalen Handels und der Wirtschaft.

Das Konzept des modernen Finanzwesens entstand während der Industriellen Revolution, einer Zeit des raschen technologischen und wirtschaftlichen Wandels, die im späten 18. Jahrhundert begann und bis ins 19.

Einer der wichtigsten Faktoren, die zur Entwicklung des modernen Finanzwesens in dieser Zeit führten, war die Entwicklung der Großproduktion. Als große Fabriken begannen, kleine Werkstätten und handwerkliche Produktion zu ersetzen, wurden neue Kapitalquellen benötigt, um den Bau von Fabriken und den Kauf von Maschinen zu finanzieren.

Dies führte zur Entwicklung neuer Finanzinstrumente wie private Anleihen und Aktien, die an Investoren verkauft werden konnten, um Kapital zu beschaffen.

Ein weiterer Faktor für die Entwicklung des modernen Finanzwesens in dieser Zeit war das Wachstum der Verkehrsinfrastruktur. Der Ausbau der Eisenbahnen und anderer Transportmittel schuf neue Möglichkeiten für Handel und Gewerbe, aber auch neue Risiken. Um diese Risiken zu bewältigen, wurden neue Formen der Versicherung und des Kredits entwickelt, wie z. B. die Seeversicherung und Akkreditive.

Aufzeichnungen aus dieser Zeit enthalten eine Fülle von Informationen über die Entwicklung des modernen Finanzwesens. Die Aufzeichnungen der Bank of England beispielsweise, die 1694 gegründet wurde, aber eine zentrale Rolle bei der Entwicklung des modernen Finanzwesens während der Industriellen Revolution spielte, zeigen, wie sich die Finanzinstitute in dieser Zeit entwickelten.

Ein spezifisches Beispiel in den Aufzeichnungen der Bank of England, das die Entwicklung des Finanzwesens während der Industriellen Revolution verdeutlicht, ist das Wachstum der Aktiengesellschaften.

Aktiengesellschaften waren eine neue Form der Unternehmensorganisation, die es Anlegern ermöglichte, Eigentumsanteile an einem Unternehmen zu kaufen und zu verkaufen, wodurch Unternehmen die Möglichkeit hatten, große Mengen an Kapital zu beschaffen.

Die Banken im Vereinigten Königreich spielten eine Schlüsselrolle bei der Entwicklung von Aktiengesellschaften, da sie den Anlegern einen sicheren und zuverlässigen Ort boten, an dem sie ihr Geld deponieren konnten.
Dies trug dazu bei, Vertrauen in das Finanzsystem zu schaffen, und erleichterte es den Aktiengesellschaften, durch den Verkauf von Aktien Kapital zu beschaffen.
Die Bank of England spielte eine wichtige Rolle bei der Finanzierung der Industriellen Revolution, indem sie Kredite an Hersteller vergab und Staatsanleihen zur Finanzierung öffentlicher Bauvorhaben ausgab.

Die Bank spielte auch eine wichtige Rolle bei der Entwicklung des Aktienmarktes, indem sie für Liquidität und Stabilität auf dem Markt sorgte.
Die Entwicklung des modernen Finanzwesens während der Industriellen Revolution legte den Grundstein für das Wachstum der Finanzindustrie.

Insgesamt hat sich der Begriff des Finanzwesens von der Finanzierung im klassischen Sinne zu einer breiten Palette von Aktivitäten und Dienstleistungen entwickelt, die für das Funktionieren moderner Volkswirtschaften von entscheidender Bedeutung sind. Darüber hinaus hat das schnelle Tempo der technologischen Innovation zur Entstehung neuer Finanzprodukte, -strategien und -systeme geführt, die die Funktionsweise der Finanzmärkte verändert haben.

Da die Finanzinstitute in den letzten Jahren größer und vernetzter geworden sind, hat auch die Komplexität des Finanzwesens zugenommen, was das Risiko eines Systemversagens und einer Marktstörung erhöht.
Darüber hinaus hat der Einsatz von Hebeleffekten und Derivaten zugenommen, wodurch das Finanzsystem schwieriger zu verstehen und zu verwalten ist.

Fortschritte bei der Computerleistung und der Datenanalyse haben zur Entwicklung hochentwickelter Algorithmen und quantitativer Modelle geführt, die es Finanzfachleuten ermöglichen, große Datenmengen zu analysieren und fundiertere Anlageentscheidungen zu treffen, während der Aufstieg der Blockchain-Technologie und der Kryptowährungen neue Wege für Finanztransaktionen und Anlagemöglichkeiten eröffnet hat.

Die zunehmende Nutzung von Datenanalysen und künstlicher Intelligenz für Anlageentscheidungen und Risikomanagement wird sich fortsetzen, und das Wachstum des dezentralen Finanzwesens (DeFi) und anderer Blockchain-basierter Finanzsysteme könnte die Finanzbranche weiter verändern.

Dezentrales Finanzwesen (DeFi) ist ein Finanzsystem, das auf Blockchain-Netzwerken wie Ethereum aufbaut und Peer-to-Peer-Transaktionen ohne Vermittler wie Banken oder andere Finanzinstitute ermöglicht. In einem dezentralen Finanzsystem werden Finanztransaktionen mit Hilfe von intelligenten Verträgen (Smart Contracts) durchgeführt. Dabei handelt es sich um selbstausführende Programme, die Transaktionen automatisch auf der Grundlage vorher festgelegter Bedingungen ausführen.
Im traditionellen Finanzsystem spielen Intermediäre eine wichtige Rolle bei der Erleichterung von Transaktionen zwischen Parteien. Banken fungierten als Vermittler zwischen Kreditnehmern und Kreditgebern, führten Geldtransaktionen durch und verwalteten die damit verbundenen Risiken.

Im dezentralen Finanzsystem (DeFi) können die Vermittler jedoch durch programmatischen Code ersetzt werden, da Finanztransaktionen automatisch durch intelligente Verträge auf der Grundlage der Blockchain-Technologie ausgeführt werden. Dies hat das Potenzial, viele Zwischenschritte in der Finanzbranche zu beseitigen und Transaktionen schneller, billiger und effizienter zu machen.

Im herkömmlichen Finanzsystem benötigt ein Kreditnehmer beispielsweise mehrere Vermittler, um einen Kredit zu erhalten, darunter eine Bank, eine

Kreditauskunftei und einen Kreditservice, aber in einem DeFi-System kann ein Kreditnehmer einen Kredit direkt von einem Kreditgeber über einen intelligenten Vertrag ohne Vermittler erhalten.

Das Wachstum von DeFi und anderen Blockchain-basierten Finanzsystemen könnte zu einer stärkeren Disintermediation in der Finanzbranche führen, da Finanztransaktionen stärker automatisiert und direkt zwischen Parteien abgewickelt werden.

Da das Finanzsystem jedoch immer komplexer wird, wird es auch immer wichtiger, dass die Regulierungs- und Aufsichtssysteme mit diesen Veränderungen Schritt halten und eine angemessene Aufsicht bieten, um Systemrisiken zu verhindern.

Gründung und Entwicklung von Banken

Die erste moderne Bank wird allgemein als die Bank von Venedig anerkannt, die 1157 in Venedig, Italien, gegründet wurde.

Der Gründer der Bank von Venedig ist unbekannt, aber es wird angenommen, dass sie von wohlhabenden venezianischen Kaufleuten und Bankiers gegründet wurde.

Ihr ursprünglicher Zweck war es, den Kaufleuten einen sicheren Ort zu bieten, an dem sie Geld deponieren und Geschäfte tätigen konnten, und Kredite zur Finanzierung von Handel und Gewerbe bereitzustellen.

Kredit zu gewähren bedeutet, einem Schuldner das Kapital eines Gläubigers für einen bestimmten Zeitraum auf der Grundlage der Kreditwürdigkeit des Schuldners zur Verfügung zu stellen, was eine umfassendere Definition von Kredit ist als die von Finanzinstituten verwendete, die auch Darlehen, Zahlungsgarantien, die Diskontierung von Geschäftspapieren und Leasing umfasst.

Die Bank befand sich auf dem zentralen Marktplatz von Venedig, dem Rialto-Platz, was ihr einen einfachen Zugang zu Händlern aus der ganzen Welt ermöglichte.

Außerdem lag sie strategisch günstig in der Nähe des Haupthafens und der Wasserstraßen der Stadt, so dass sie eine wichtige Rolle bei der Förderung von Handel und Gewerbe spielen konnte.

Im Laufe der Zeit wurde die Bank von Venedig immer einflussreicher und spielte eine wichtige Rolle in den wirtschaftlichen und politischen Angelegenheiten der Stadt.

Sie gewährte der venezianischen Regierung Darlehen und Kredite und spielte eine wichtige Rolle bei der Finanzierung der Kriege und anderer militärischer Aktionen der Stadt.

Der Einfluss der Bank von Venedig reichte weit über Venedig und Italien hinaus. Die Bank trug dazu bei, das Wirtschaftswachstum und die Entwicklung Venedigs voranzutreiben. Die Bank zog Kaufleute und Händler aus der ganzen Welt an und machte die Stadt zu einem bedeutenden Finanzzentrum.

Die Bank von Venedig diente auch als Vorbild für andere Banken und Finanzinstitute in Europa und trug zum Aufbau des modernen Bankensystems bei, das heute existiert.

Das Vermächtnis der Bank von Venedig zeigt sich in der anhaltenden

Bedeutung des Finanz- und Bankwesens in der Weltwirtschaft sowie in der Entwicklung von Bankgepflogenheiten und -institutionen in ganz Europa und in der Welt.

Erst im 17. Jahrhundert entstanden Banken als Institutionen zur Sicherung des Geldes und zur Erleichterung des Handels, und als erste moderne Bank gilt die 1609 gegründete Bank von Amsterdam.

Für die Gründung einer Bank in der Stadt waren mehrere Faktoren ausschlaggebend, darunter der Bedarf an einem stabilen Mittel zur Finanzierung von Handel und Gewerbe, der Wunsch, das Wirtschaftswachstum und die Entwicklung der Stadt zu fördern, sowie der Bedarf an einer stabilen und zuverlässigen Währung.

Der Gründer der Bank von Amsterdam war die Stadt Amsterdam, die die Bank als öffentliche Einrichtung gründete. Ihr ursprünglicher Zweck war es, den Kaufleuten einen sicheren und zuverlässigen Ort zu bieten, an dem sie ihr Geld deponieren und Geschäfte tätigen konnten.

Die Bank spielte auch eine wichtige Rolle bei der Förderung des wirtschaftlichen Wachstums und der Entwicklung der Stadt, bei der Finanzierung wichtiger Infrastrukturprojekte und bei der Unterstützung neuer Industrien und Unternehmen.

Eines der wichtigsten Merkmale der Bank von Amsterdam war die

Verwendung einer stabilen und zuverlässigen Währung, des Bankguldens.

Diese Währung wurde auf der Grundlage der Gold- und Silbermenge ausgegeben, die die Bank besaß, was zu ihrer Stabilität und Zuverlässigkeit beitrug. Die Bank gewährte auch Kredite zur Finanzierung von Handel und Gewerbe und zur Unterstützung von Regierungsprojekten.

Mit der Zeit wurde die Bank von Amsterdam immer mächtiger und einflussreicher und spielte eine wichtige Rolle in den wirtschaftlichen und politischen Angelegenheiten der Stadt.
Dies trug dazu bei, Amsterdam als bedeutendes Finanzzentrum zu etablieren, das Kaufleute und Händler aus der ganzen Welt anzog.

Der Ruf der Bank für Stabilität und Zuverlässigkeit trug auch dazu bei, dass der niederländische Gulden zu einer der vertrauenswürdigsten und am meisten verwendeten Währungen in Europa wurde.
Die Entwicklung der Bank trug dazu bei, das Wirtschaftswachstum und die Entwicklung Amsterdams voranzutreiben und die Stadt zu einem bedeutenden Finanzzentrum zu machen. Sie trug auch zur Schaffung eines modernen Bankensystems bei, das auf Stabilität und die Verwendung einer zuverlässigen Währung ausgerichtet war.

Heute ist die Bank von Amsterdam nicht mehr aktiv, da sie Ende des 20. Jahrhunderts mit anderen niederländischen Banken fusionierte.
Jahrhundert mit anderen niederländischen Banken fusionierte. Das Erbe der Bank ist jedoch in der Entwicklung moderner Bankpraktiken und - institutionen zu sehen.

Nach der Gründung der Bank of Amsterdam im frühen 17. Jahrhundert wurde 1694 die Bank of England gegründet, als Reaktion auf die Finanzkrise und die Instabilität, die England im späten 17.
Vor ihrer Gründung gab es in England keine Zentralbank oder Währungsbehörde, was die Verwaltung der Finanzen des Landes und die Aufrechterhaltung einer stabilen Währung erschwerte.
Die Bank of England wurde von einer Gruppe wohlhabender Kaufleute und Bankiers unter der Leitung von William Patterson gegründet, der die Gründung einer Nationalbank vorschlug, um die Finanzen des Landes zu stabilisieren und eine zuverlässige Währung zu schaffen.

Die Bank wurde 1694 von Wilhelm III. mit einer königlichen Charta ausgestattet und war befugt, Banknoten auszugeben, Kredite an die Regierung zu vergeben und die Geldmenge zu regulieren.

Eines der wichtigsten Merkmale der Bank of England war ihre Fähigkeit, der Regierung Kredite zu gewähren, die zur Finanzierung der Kriege und anderer Ausgaben Großbritanniens beitrugen.

Dadurch erhielt die Bank erheblichen Einfluss auf die Regierung sowie auf die Wirtschaft und das Finanzsystem des Landes.
In dem Maße, wie der Einfluss der Bank of England wuchs, wurde London zu einem wichtigen Finanzzentrum der Welt, das Kaufleute und Händler aus aller Welt anzog.
Die 1694 gegründete Bank of England war zunächst eine Privatbank, aber als Bank der Krone fungierte sie auch als Zentralbank.

Im Jahr 1844 erhielt sie durch das Gesetz über die Bank of England das ausschließliche Recht, in England und Wales Geld auszugeben, und 1946 wurde sie verstaatlicht und offiziell als Zentralbank anerkannt.

Auch heute noch ist die Bank of England die zentrale Institution des Finanzsystems des Vereinigten Königreichs, die für die Geldpolitik des Landes verantwortlich ist und die Stabilität und Glaubwürdigkeit seiner Währung gewährleistet.
Seit dem 18. Jahrhundert haben viele Länder Banken gegründet, um ihre wachsenden Volkswirtschaften zu finanzieren und den internationalen Handel zu unterstützen.

Diese Banken wurden häufig von Regierungen oder wohlhabenden Privatpersonen gegründet und hatten in erster Linie die Aufgabe, Unternehmen und Privatpersonen Darlehen und Kredite zu gewähren.

Eine wichtige Entwicklung im Bankwesen in dieser Zeit war das Aufkommen von Aktiengesellschaften, die es den Anlegern ermöglichten, ihr Kapital zusammenzulegen und sich an den Gewinnen und Verlusten des Unternehmens zu beteiligen. Dieses Gewinnmodell trug dazu bei, größere und stabilere Banken zu schaffen, und förderte Investitionen und Wirtschaftswachstum.

In Europa gründeten viele Länder im 18. und 19. Jahrhundert Nationalbanken.

Die Bank von Frankreich wurde 1800 gegründet, um die Finanzierung der Napoleonischen Kriege und das Wirtschaftswachstum zu unterstützen. In ähnlicher Weise wurde die Deutsche Bank 1957 gegründet, um die deutsche Wirtschaft nach dem Zweiten Weltkrieg zu stabilisieren.

Sie finanzierten Wirtschaftswachstum und Entwicklung, erleichterten den internationalen Handel und trugen zur Währungsstabilität und zum Vertrauen bei. Neben den nationalen Banken entstanden im 18. und 19. Jahrhundert auch Privatbanken, die von wohlhabenden Privatpersonen gegründet wurden.

Diese Banken spielten eine wichtige Rolle bei der Finanzierung der Industrialisierung und anderer wirtschaftlicher Entwicklungen sowie bei der Förderung von Investitionen und Innovationen.

Diese europäischen Privatbanken, die im 18. und 19. Jahrhundert gegründet wurden, haben eine lange und bewegte Geschichte. Im Folgenden finden Sie einige konkrete Beispiele für Privatbanken, die im 18. und 19. Jahrhundert in Europa gegründet wurden und noch heute berühmt sind.
Rothschild & Co.
Mayer Amschel Rothschild gründete sein Bankgeschäft 1798 in Frankfurt am Main, Deutschland. Er hatte fünf Söhne, die später Niederlassungen in London, Paris, Wien, Neapel und Frankfurt gründeten.

Die Londoner Niederlassung, die 1811 von Nathan Mayer Rothschild in London gegründet wurde, bildete die Grundlage der heutigen Rothschild & Co. Nathan Mayer Rothschild war der dritte Sohn von Mayer Amchell Rothschild.

Rothschild & Co. konzentrierte sich zunächst auf die Bereitstellung von Bank- und Finanzdienstleistungen für die europäische Aristokratie und das Königshaus, expandierte aber im Laufe der Jahre in andere europäische Länder, darunter Frankreich, Österreich und England.
Die Bank spielte eine Schlüsselrolle bei der Finanzierung großer Infrastrukturprojekte, wie dem Bau von Eisenbahnen und Kanälen.

Im späten 19. und frühen 20. Jahrhundert war Rothschild & Co in vielen Teilen der Welt vertreten, darunter auch in den Vereinigten Staaten und Südamerika. Die Bank bot weiterhin Finanzdienstleistungen für wohlhabende Privatpersonen sowie für Regierungen und Unternehmen an.
Im 20. Jahrhundert diversifizierte Rothschild & Co. über das traditionelle Bank- und Finanzgeschäft hinaus. Sie gründete eine Geschäftsbankabteilung und expandierte in die Bereiche Vermögensverwaltung, Private Equity und andere Finanzdienstleistungen.

Heute ist Rothschild & Co. ein weltweit führendes Finanzdienstleistungsunternehmen, das Regierungen, Unternehmen und vermögenden Privatpersonen eine breite Palette von Dienstleistungen anbietet. Die Bank ist in mehr als 40 Ländern tätig und für ihre Kompetenz in den Bereichen Fusionen und Übernahmen, Fremd- und Eigenkapitalfinanzierung sowie Vermögensverwaltung bekannt.

BNP Paribas (BNP)
BNP Paribas wurde 1822 als Banque Nationale de Paris (BNP) gegründet, als Reaktion auf den Bedarf an einer staatlichen Bank zur Finanzierung des Wachstums der französischen Wirtschaft.
Anfänglich konzentrierte sich die BNP auf die Erbringung von Bankdienstleistungen für Unternehmen und Privatpersonen in Frankreich. Im späten 19. und frühen 20. Jahrhundert expandierte sie über Frankreich hinaus in andere Teile Europas, darunter Belgien, Italien und Spanien, sowie in andere Teile der Welt, darunter Afrika und Asien.

Im Jahr 1999 fusionierte BNP mit der französischen Investmentbank und Finanzdienstleistungsgesellschaft Paribas. Aus dieser Fusion entstand BNP Paribas, eine der größten Banken Europas.

Im 21. Jahrhundert diversifizierte BNP Paribas über das traditionelle Bank- und Finanzgeschäft hinaus. Sie gründete eine Vermögensverwaltungsabteilung und expandierte in die Bereiche Vermögensverwaltung, Versicherungen und andere Finanzdienstleistungen.

In den letzten Jahren hat sich BNP Paribas auf Nachhaltigkeit und Unternehmensverantwortung konzentriert.

Die Bank engagiert sich in verschiedenen Aktivitäten zur Förderung der nachhaltigen Entwicklung, einschließlich der Finanzierung von Projekten für erneuerbare Energien und der Unterstützung von sozialen und ökologischen Themen.

Coots & Co

Coots & Co wurde 1670 in London als Gold- und Silberschmiede gegründet.

Im 18. Jahrhundert begann das Unternehmen, Bankdienstleistungen für wohlhabende Kunden anzubieten, und wurde im Laufe der Zeit als führende Privatbank bekannt.

Im 20. Jahrhundert begann Kutz & Co, seine Dienstleistungen über das traditionelle Bankgeschäft hinaus auf Vermögensverwaltung und Anlagedienstleistungen zu erweitern. Die Bank erwarb sich einen guten Ruf für ihren persönlichen Service und ihre Diskretion, um den Bedürfnissen wohlhabender Einzelpersonen und Familien gerecht zu werden.

Im Jahr 1996 fusionierte Coates & Co mit der National Westminster Bank (NatWest), einer der führenden Banken des Vereinigten Königreichs.

Im Jahr 2010 wurde Coates & Co jedoch von der spanischen Bank Banco Santander übernommen.

Trotz des Eigentümerwechsels und der Veränderungen im Bankensektor insgesamt konzentriert sich Coates & Co nach wie vor darauf, seinen Kunden einen persönlichen Service zu bieten.

Die Bank hat ihren Ruf als erstklassige Privatbank, die sich auf die Bedürfnisse vermögender Privatpersonen und Familien konzentriert, bewahrt.

Schweizer Kreditanstalt

Die Credit Suisse ist eine Schweizer Bank, die 1856 gegründet wurde. Sie entstand aus einer Partnerschaft zwischen Alfred Escher und einigen anderen Investoren.

Die Bank begann als lokaler Kreditgeber zur Finanzierung des Ausbaus des Schweizer Eisenbahnnetzes, wuchs aber schnell zu einer der größten Banken der Schweiz heran.

Zu Beginn des 20. Jahrhunderts begann die Credit Suisse, in internationale

Märkte zu expandieren und eröffnete Niederlassungen in London, New York und anderen wichtigen Finanzzentren.

Die Bank bot eine breite Palette von Dienstleistungen für Firmen- und institutionelle Kunden an und etablierte sich als führendes Unternehmen in der globalen Bankenbranche.

In den 1990er Jahren begann die Credit Suisse, ihre Dienstleistungen zu diversifizieren und expandierte in die Bereiche Investment Banking, Wealth Management und Asset Management.

Die Bank erwarb mehrere Finanzinstitute, darunter die Investmentbank First Boston und die Schweizer Privatbank Clariden Leu.

Wie viele andere Banken sah sich auch die Credit Suisse während der globalen Finanzkrise 2008-2009 mit grossen Herausforderungen konfrontiert.

Die Bank überstand die Krise, indem sie ihr Engagement in risikoreichen Vermögenswerten reduzierte und sich auf ihre Kernkompetenzen im Investmentbanking und in der Vermögensverwaltung konzentrierte.

Heute ist die Credit Suisse eine der grössten Banken der Welt, mit Niederlassungen in über 50 Ländern und mehr als 45'000 Mitarbeitenden.

Sie war jedoch nicht in der Lage, die Folgen der großen Anlageverluste im Jahr 2021 zu überwinden und wurde 2023 von der UBS übernommen, womit ihre fast 170-jährige Geschichte endete.

Schweizerische Bankgesellschaft (UBS)
Die UBS entstand 1998 durch die Fusion der 1862 gegründeten Schweizerischen Bankgesellschaft (SBG) und des 1872 gegründeten Schweizerischen Bankvereins (SBV).

Die Schweizerische Bankgesellschaft (SBG) entstand 1862 durch die Fusion zweier bestehender Banken, der Winterthurer Bank und der Toggenburger Bank. Die Winterthurer Bank wurde 1860 von dem Schweizer Geschäftsmann Georg Fischer und dem Schweizer Psychiater und Ökonomen Ludwig Binswanger gegründet.

Die Toggenburger Bank wurde 1861 von dem Schweizer Bankier und Politiker Johann Jakob Ritter gegründet.

Die Schweizerische Bankgesellschaft (SBG) wurde 1872 von dem Schweizer Politiker, Unternehmer und Eisenbahnpionier Alfred Escher gegründet.

Escher war eine Schlüsselfigur bei der Entwicklung der schweizerischen

Infrastruktur im 19. Jahrhundert, unter anderem beim Bau des Gotthard-Eisenbahntunnels, und er sah die Notwendigkeit einer privaten Schweizer Bank, um diese Projekte zu finanzieren und das Wirtschaftswachstum des Landes zu unterstützen.

Die Schweizer Bank hat sich zu einer der größten Banken der Schweiz entwickelt, die sich auf das Investmentbanking und das globale Finanzwesen konzentriert.
Durch die Fusion von UBS und SBV entstand eine der weltweit größten Banken, die sich auf das Investmentbanking und die Vermögensverwaltung konzentriert.

Die neue Bank erhielt den Namen UBS AG (Union Bank of Switzerland Aktiengesellschaft) und hatte ihren Hauptsitz in Zürich, Schweiz. Heute ist UBS ein globales Finanzdienstleistungsunternehmen, das in mehr als 50 Ländern tätig ist und zu den größten Banken der Welt gehört.

Die erste Nationalbank der Vereinigten Staaten wurde 1791 vom Kongress unter dem ersten Finanzminister Alexander Hamilton gegründet. Ziel der Bank war es, die neue Regierung zu finanzieren und wirtschaftliches Wachstum und Stabilität zu fördern.

Die Hauptkontroverse im Zusammenhang mit der Bank war die Frage, ob die Bundesregierung die Befugnis hatte, eine solche Bank zu gründen.
Die Gegner, allen voran Thomas Jefferson und James Madison, argumentierten, dass die Verfassung dem Kongress nicht die Befugnis zur Gründung einer Zentralbank gab.

Sie waren der Meinung, die Bundesregierung würde der Bank zu viel Macht geben und die Souveränität der Staaten bedrohen.
Die Befürworter der Bank, angeführt von Alexander Hamilton, argumentierten, dass die Verfassung dem Kongress die Befugnis zur Gründung einer Bank erteile.

Sie waren der Meinung, dass die Bank zur Stabilisierung der Wirtschaft, zur Verwaltung der Staatsfinanzen und zur Schaffung einer stabilen Währung beitragen würde. Trotz dieses Widerstands wurde die Nationalbank gegründet und war 20 Jahre lang tätig. Im Jahr 1811 lief ihre Satzung jedoch aus und sie wurde aufgelöst.

Mit dem Ziel, die Finanzen der Nation zu stabilisieren und das Wirtschaftswachstum zu fördern, wurde 1816 die Zweite Bank der Vereinigten Staaten gegründet, die eine wichtige Rolle bei der Unterstützung der Expansion nach Westen und des Wachstums der Industrialisierung spielte.
Aufgrund von politischem Druck und Meinungsverschiedenheiten über den Zweck und die Macht der Bank wurde sie schließlich 1836 aufgelöst.

Im weiteren Verlauf des 19. und zu Beginn des 20. Jahrhunderts entwickelten sich viele Privatbanken zu wichtigen Akteuren in der US-Wirtschaft, eine der bekanntesten war die vom Finanzier J.P. Morgan gegründete J.P. Morgan & Co.

Im späten 19. Jahrhundert spielte Morgans Bank eine wichtige Rolle bei der Finanzierung der Industrialisierung und der Förderung des

Wirtschaftswachstums und wurde zu einem der mächtigsten Finanzinstitute in den Vereinigten Staaten.

Seit dem 18. Jahrhundert gab es in den Vereinigten Staaten mehrere große Privatbanken, von denen hier einige Beispiele genannt werden sollen.
JPMorgan Chase (JPMorgan Chase)
JPMorgan Chase ist mit einem Vermögen von über 3 Billionen Dollar eine der größten Banken der Welt. JP Morgan wurde im Jahr 2000 durch die Fusion von JP Morgan & Co. und Chase Manhattan Corporation gegründet.

Die Chase Manhattan Bank wurde 1799 von Aaron Burr, dem damaligen Vizepräsidenten der Vereinigten Staaten, und einer Gruppe von Investoren gegründet. Der ursprüngliche Name der Bank war "Manhattan Company".
Aaron Burr gründete das Unternehmen mit dem Hauptzweck, die wachsende Stadt New York mit sicherem und zuverlässigem Trinkwasser zu versorgen, aber es expandierte schnell in den Bereich der Bankdienstleistungen und war Mitte des 18. Jahrhunderts eine der größten und bekanntesten Banken der Vereinigten Staaten.

Die Manhattan Company fusionierte 1955 mit der Manhattan Company Bank und wurde zur Chase Manhattan Bank.
JP Morgan & Co. wurde 1871 von dem prominenten amerikanischen Finanzier und Bankier John Pierpont Morgan gegründet, der sich bereits einen Namen in der Finanzwelt gemacht hatte, indem er einige der größten Industrieunternehmen der damaligen Zeit, darunter Eisenbahnen und Stahlunternehmen, beriet und finanzierte.

J.P. Morgan & Co. wurde schnell zu einer der mächtigsten und einflussreichsten Bank- und Investmentgesellschaften der Welt und spielte eine Schlüsselrolle bei der Finanzierung des Wachstums der amerikanischen Wirtschaft im späten 19. und frühen 20.
Jahrhunderts eine Schlüsselrolle bei der Finanzierung des Wachstums der amerikanischen Wirtschaft. Das Unternehmen war an zahlreichen hochkarätigen Transaktionen beteiligt, unter anderem an der Finanzierung der U.S. Steel Company, des damals größten Unternehmens der Welt.

John Pierpont Morgan war dafür bekannt, dass er sein umfangreiches Netzwerk an Kontakten nutzte, um Investoren und Unternehmen zusammenzubringen, um groß angelegte Geschäfte und Transaktionen zu tätigen. Er war auch eine Schlüsselfigur bei der Gründung der Federal Reserve Bank im Jahr 1913, die zur Regulierung des US-Bankensystems gegründet wurde.

JP Morgan & Co. wuchs und expandierte weiter und wurde zu einem wichtigen Akteur in der globalen Finanzdienstleistungsbranche. Das Unternehmen war an mehreren wichtigen Fusionen und Übernahmen beteiligt, darunter der Kauf der Guaranty Trust Company im Jahr 1959, durch den die damals größte Bank der Welt entstand.

Im Jahr 2000 fusionierte das Unternehmen mit der Chase Manhattan Corporation zu JPMorgan Chase & Co., heute eines der größten Finanzdienstleistungsunternehmen der Welt.

Die Fusion von Chase Manhattan Bank und JP Morgan & Co. war damals die größte Bankenfusion der Geschichte.
Die Fusion nutzte die Stärken beider Unternehmen, darunter das Privatkundengeschäft von Chase Manhattan und das Investmentbanking von JPMorgan, um eine umfassendere Palette von Finanzprodukten und -dienstleistungen anzubieten.

Goldman Sachs
Goldman Sachs wurde 1869 von dem deutschen Einwanderer Marcus Goldman und seinem Schwiegersohn Samuel Sachs gegründet.
Das Unternehmen betrieb zunächst ein kleines Geschäft mit Handelspapieren in New York, expandierte aber schon bald in andere Bereiche des Finanzwesens, einschließlich Investmentbanking und Vermögensverwaltung.

Zu Beginn des 20. Jahrhunderts wurde Goldman Sachs zu einem der führenden Wertpapieremittenten in den Vereinigten Staaten und spielte eine Schlüsselrolle bei der Finanzierung des Wachstums großer Industrieunternehmen wie Sears, Roebuck & Co. und Ford Motor Company.
In den 1930er und 1940er Jahren wurde Goldman Sachs zu einem wichtigen Akteur in der Unternehmensfinanzierung mit Schwerpunkt auf Fusionen und Übernahmen und finanzierte die Gründung mehrerer großer Unternehmen, darunter IBM und GE.

In den 1970er und 1980er Jahren expandierte Goldman Sachs international und eröffnete Niederlassungen in London, Tokio und anderen wichtigen Finanzzentren der Welt. Außerdem erweiterte das Unternehmen sein Produktangebot durch die Gründung eigener Abteilungen für Private Equity und Vermögensverwaltung.
In den 1990er Jahren war Goldman Sachs für seine Expertise in Technologie- und Internet-Investitionen bekannt und spielte eine Schlüsselrolle im Dot-

Com-Boom der späten 1990er Jahre.

Goldman Sachs war auch für seine Fähigkeit bekannt, sich in volatilen Märkten zurechtzufinden, und erwarb sich einen Ruf als eine der erfolgreichsten und profitabelsten Investmentbanken der Welt.
In den vergangenen Jahren hat sich Goldman Sachs kontinuierlich weiterentwickelt und an die sich ändernden Marktbedingungen angepasst. Das Unternehmen hat die globale Finanzkrise von 2008 überwunden und sich zu einem der stärksten und stabilsten Finanzinstitute der Welt entwickelt.

Morgan Stanley
Morgan Stanley wurde 1935 gegründet, als Henry S. Morgan und Harold Stanley J.P. Morgan verließen, um eine Investmentbank zu gründen. Zum Zeitpunkt der Gründung war in den Vereinigten Staaten das Glass-Steagall-Gesetz in Kraft, das zwischen Geschäfts- und Investmentbanking unterschied.

Das Glass-Steagall-Gesetz trennte Geschäfts- und Investmentbanking strikt voneinander, so dass JPMorgan als Geschäftsbank und Morgan Stanley als Investmentbank gegründet wurde.

Morgan Stanley konzentrierte sich zunächst auf den Wertpapierhandel und das Emissionsgeschäft und entwickelte sich schnell zu einem wichtigen Akteur in der globalen Finanzdienstleistungsbranche. In den 1950er und 1960er Jahren expandierte das Unternehmen in ein breites Spektrum von Investmentbanking- und Corporate-Finance-Dienstleistungen, darunter Fusionen und Übernahmen, Wertpapieremissionen und andere strategische Beratungsdienste.

In den 1970er Jahren war Morgan Stanley das erste Wall-Street-Unternehmen, das in Europa Fuß fasste und Büros in London und anderen wichtigen Finanzzentren eröffnete.
In den 1980er Jahren spielte Morgan Stanley eine wichtige Rolle im damaligen Boom der Fusionen und Übernahmen und beriet bei mehreren hochkarätigen Geschäften, darunter die fremdfinanzierte Übernahme von RJR Nabisco.
Morgan Stanley wurde auch zu einem wichtigen Akteur auf den aufstrebenden Märkten und baute eine Präsenz in Asien und anderswo auf.
In den folgenden Jahren hat sich Morgan Stanley ständig weiterentwickelt und an die sich ändernden Marktbedingungen angepasst. Das Unternehmen hat die globale Finanzkrise von 2008 überwunden und sich zu einem der stärksten und stabilsten Finanzinstitute der Welt entwickelt.

Citigroup

Die Citigroup ist ein multinationales Finanzdienstleistungsunternehmen, das eine Reihe von Bank-, Investitions- und Versicherungsdienstleistungen für Kunden in aller Welt anbietet.

Das Unternehmen wurde 1998 durch die Fusion von Citicorp und Travelers Group gegründet und ist heute mit einem Vermögen von über 2 Billionen Dollar eine der größten Banken der Welt. Die Citigroup blickt auf eine lange und komplexe Geschichte zurück und hat im Laufe der Jahre mehrere Fusionen und Übernahmen hinter sich.

Citicorp wurde 1812 als Bank of the City of New York gegründet und entwickelte sich zu einer der größten Banken in den Vereinigten Staaten. Die Bank wurde 1976 in Citibank umbenannt und ist heute die Privatkundenabteilung der Citigroup.
Die Travelers Group wurde 1864 als Versicherungsgesellschaft gegründet. Im Laufe der Jahre expandierte sie in andere Finanzdienstleistungen, einschließlich Investmentbanking und Vermögensverwaltung.

Im Jahr 1997 erwarb die Travelers Group Salomon Brothers, ein führendes Investmentbanking- und Handelsunternehmen.
1998 kündigten Citicorp und Travelers Group eine Fusion an, aus der die Citigroup hervorging, eines der größten Finanzdienstleistungsunternehmen der Welt.
Die Fusion war damals umstritten, da es sich um die Zusammenlegung einer Geschäftsbank und einer Versicherungsgesellschaft handelte, was nach den geltenden Vorschriften nicht zulässig war.

Nach der Fusion baute die Citigroup ihre Geschäftsbereiche und ihre geografische Reichweite weiter aus.
Sie erwarb mehrere Finanzdienstleistungsunternehmen, darunter die Investmentbank Smith Barney und das Kreditkartenunternehmen Associates First Capital.

Die Citigroup wurde von der Finanzkrise 2008 schwer getroffen, die zu massiven Verlusten und staatlichen Eingriffen führte.
In den folgenden Jahren durchlief das Unternehmen eine Reihe von Umstrukturierungen und Veräußerungen, um sich auf sein Kerngeschäft zu konzentrieren und seine finanzielle Leistung zu verbessern.
Heute ist die Citigroup eines der größten Finanzdienstleistungsunternehmen der Welt, das in mehr als 160 Ländern tätig ist und eine breite Palette von Finanzdienstleistungen anbietet, darunter Privat- und Firmenkundengeschäft, Investment Banking, Vermögensverwaltung und

Versicherungen.

Zu Beginn des 20. Jahrhunderts wurden viele große Nationalbanken gegründet, um ein stabiles und flexibles Währungssystem für die Vereinigten Staaten zu schaffen, darunter die 1913 gegründete Federal Reserve.

Die Federal Reserve spielte eine Schlüsselrolle bei der Stabilisierung der US-Wirtschaft in Krisenzeiten und bei der Förderung von Wirtschaftswachstum und Stabilität.

Nach dem Zweiten Weltkrieg entwickelten sich Großbanken wie die Citibank und die Chase Manhattan Bank zu wichtigen Akteuren im globalen Finanzsystem.

Sie spielten eine wichtige Rolle bei der Finanzierung des internationalen Handels und der Investitionen und trugen zum Aufbau des modernen globalen Finanzsystems bei.

In den letzten Jahrzehnten hat sich das US-Bankensystem aufgrund der Konsolidierung vieler kleinerer Banken zu größeren Instituten und dem Aufkommen neuer Technologien wie Online-Banking und mobilem Zahlungsverkehr stark verändert.

Die Etablierung großer nationaler und privater US-Banken hatte einen erheblichen Einfluss auf die nationale Wirtschaft und das globale Finanzsystem, trug zur Förderung von Wachstum und Stabilität bei und unterstützte internationalen Handel und Investitionen.

FRB, (Federal Reserve Bank)

Die Federal Reserve Bank of the United States (FRB) ist die Zentralbank der Vereinigten Staaten. Das Federal Reserve System wird als Federal Reserve System (FRS) bezeichnet, manchmal auch als Fed abgekürzt. Der Begriff Fed bezieht sich zwar auf das Federal Reserve System, aber oft auch auf das Entscheidungsgremium, den Gouverneursrat des Federal Reserve Systems, da er sich auf die vom Gouverneursrat durchgeführten Programme bezieht.

Das Federal Reserve System ist gemeinhin als dreigliedriges System bekannt: die 12 regionalen Federal Reserve Banks, die zentrale Federal Reserve Bank in Washington, D.C., und der Federal Reserve Board, das Entscheidungsgremium, sowie der Federal Open Market Committee (FOMC), der achtmal im Jahr zusammentritt, um die kurzfristige Geld- und Finanzpolitik zu diskutieren und festzulegen.

Die Fed wurde 1913 als Reaktion auf eine Finanzpanik und den Bedarf an einem stabileren Bankensystem gegründet. Seitdem hat die Fed eine wichtige Rolle in der amerikanischen Wirtschaft und im Finanzsystem sowie in der Weltwirtschaft gespielt. Das Federal Reserve System wurde durch den von Präsident Woodrow Wilson unterzeichneten Federal Reserve Act gegründet.

Das Gesetz schuf ein System von 12 regionalen Federal Reserve Banks, jede mit ihrem eigenen Gouverneursrat und einer Federal Reserve Bank in Washington, D.C. Der Gouverneursrat besteht aus sieben Direktoren unter einem Vorsitzenden.

Der Gouverneursrat besteht aus einem Vorsitzenden und sieben Mitgliedern, die vom Präsidenten ernannt und vom Senat bestätigt werden.

Der Präsident ernennt einen Vorsitzenden und einen stellvertretenden Vorsitzenden aus den Reihen der Direktoren.

Die Amtszeit der Direktoren beträgt 14 Jahre, und der Vorsitzende und der stellvertretende Vorsitzende werden für vier Jahre gewählt.

Der Vorsitzende der Federal Reserve wird vom Präsidenten ernannt, übt jedoch die geldpolitischen Befugnisse, einschließlich der Festlegung der Zinssätze, völlig unabhängig aus.

Der Vorsitzende der Federal Reserve wird oft als Präsident der Weltwirtschaft bezeichnet und hat einen starken globalen Einfluss auf die Finanzpolitik.

Während die Hauptaufgaben des Board of Directors in der Regulierung der Kreditbedingungen und der Überwachung der Federal Reserve Banks bestehen, legt es auch die kurzfristige Geld- und Finanzpolitik durch den Offenmarktausschuss (Federal Open Market Committee, FOMC) fest, der achtmal im Jahr in den ungeraden Monaten (Januar, März, Mai, Juli, September und November) sowie im Juni und Dezember tagt.

Der FOMC besteht aus insgesamt 19 Mitgliedern, von denen 12 stimmberechtigt sind. Die sieben Mitglieder des Board of Governors of the Federal Reserve System, der Präsident der Federal Reserve Bank of New York und vier der regionalen Präsidenten der Federal Reserve Bank sind nach dem Rotationsprinzip stimmberechtigt.

Die übrigen sieben Präsidenten der regionalen Federal Reserve Banks, die nicht zu Mitgliedern ernannt wurden, können als nicht stimmberechtigte Mitglieder des FOMC an den Sitzungen teilnehmen.

Da alle Mitglieder des Federal Reserve System stimmberechtigte Mitglieder des FOMC sind, wird die Fed oft mit der Politik oder Richtung verwechselt, die das FOMC beschließt, aber man kann mit Sicherheit sagen, dass die Entscheidungen des FOMC die Entscheidungen der Fed sind, weil sie die Mehrheit der Stimmen hat.

Insbesondere veröffentlicht der FOMC achtmal im Jahr für die Medien eine Erklärung zum Leitzins im Anschluss an die Sitzung, ein Dotplot (veröffentlicht auf den Sitzungen im März, Juni, September und Dezember), das die Projektionen der 19 FOMC-Mitglieder zu den künftigen Zinssätzen zusammenfasst, sowie eine Pressekonferenz mit Fragen und Antworten des Vorsitzenden der Federal Reserve.

Der Dot Plot zeigt nicht nur den aktuellen Leitzins, sondern auch die Ober- und Untergrenzen der künftigen Zinssätze und die Richtung der Politik in der Pressekonferenz des Vorsitzenden der Federal Reserve, die einen erheblichen Einfluss auf die Weltwirtschaft hat.

Die FRB ist befugt, die Zinssätze, einschließlich des Rediskontsatzes (des Kreditzinssatzes zwischen Zentralbanken und Geschäftsbanken), festzulegen, US-Schatzpapiere (US-Staatsanleihen) zu kaufen und auszugeben (Offenmarktgeschäfte) und den Mindestreservesatz zu bestimmen.

Die FRB veröffentlicht außerdem achtmal im Jahr das Beige Book", das vom Präsidenten jeder Regionalbank verfasst wird und die Meinungen führender Geschäftsleute, Wirtschaftswissenschaftler, Marktexperten und anderer zur wirtschaftlichen Lage zusammenfasst.

Der Grund für die 12 Regionalbanken war, dass die Federal Reserve einen stärker regionalisierten Ansatz für die Geldpolitik in verschiedenen Teilen des Landes bieten wollte.

Die 12 Regionen wurden bei der Verabschiedung des Federal Reserve Act auf der Grundlage von Bevölkerungs- und Wirtschaftsfaktoren ausgewählt, und diese dezentralisierte Struktur ermöglicht es, ein breiteres Spektrum an Stimmen und Perspektiven im Entscheidungsprozess der Federal Reserve zu vertreten.

Jede Federal Reserve Bank befindet sich im Besitz der Mitgliedsbanken in ihrer Region, bei denen es sich in erster Linie um Geschäftsbanken handelt, die Aktien der jeweiligen Federal Reserve Bank halten.
Die Anteilseigner der Federal Reserve Banks üben jedoch keine Kontrolle über die Politik oder den Betrieb des Federal Reserve Systems aus.

Das Federal Reserve System ist ein dezentralisiertes Zentralbanksystem, das sich nicht im Besitz eines einzelnen Unternehmens oder einer Einzelperson befindet und aus 12 regionalen Federal Reserve Banks besteht, die sich in den wichtigsten Städten der Vereinigten Staaten befinden.

Die 12 regionalen Federal Reserve Banks sind
Federal Reserve Banks von Boston, New York, Philadelphia, Cleveland, Richmond, Atlanta, Chicago, St. Louis, Minneapolis, Kansas City, Dallas und San Francisco.

.

Die Fed hat mehrere Hauptaufgaben: die Durchführung der Geldpolitik zur Stabilisierung der Preise und Maximierung der Beschäftigung, die Überwachung und Regulierung von Banken und anderen Finanzinstituten sowie die Bereitstellung von Finanzdienstleistungen für die US-Regierung, ausländische Zentralbanken und andere Institutionen.

Eine wichtige Aufgabe der Fed ist die Durchführung der Geldpolitik. Dazu gehört die Festlegung der Zinssätze und die Anpassung der Geldmenge, um wirtschaftliche Stabilität und Wachstum zu fördern.

Die geldpolitischen Entscheidungen der Fed können erhebliche Auswirkungen auf die US-amerikanische und globale Wirtschaft und die Finanzmärkte haben.

Die Fed spielt auch eine Schlüsselrolle bei der Regulierung und Beaufsichtigung von Banken und anderen Finanzinstituten. Sie arbeitet daran, die Sicherheit und Solidität des Finanzsystems zu gewährleisten und Verbraucher und Investoren zu schützen.

Die Fed erbringt auch eine Reihe von Finanzdienstleistungen für die US-Regierung, ausländische Zentralbanken und andere Organisationen, wie die Abwicklung von Zahlungen und die Aufrechterhaltung der Stabilität des Finanzsystems. Sie kann neben anderen Wirtschaftsindikatoren auch die Zinssätze, die Inflation und die Beschäftigung beeinflussen.

Die Rolle der Fed bei der Regulierung von Banken und anderen Finanzinstituten hat dazu beigetragen, ein stabileres und widerstandsfähigeres Finanzsystem zu schaffen, und Finanzdienstleistungen erleichtern Handel und Gewerbe.

Da sich ihre politischen Entscheidungen auf die globalen Finanzmärkte und Volkswirtschaften auswirken können, geht der Einfluss der Fed über die Vereinigten Staaten hinaus.

Zentralbanken auf der ganzen Welt sehen in der Fed ein Vorbild für die Geldpolitik und die Bankenregulierung.

Die fortschreitende Globalisierung der Finanzmärkte und die zunehmende Komplexität des Finanzsystems stellen die Fed vor neue Herausforderungen und erfordern möglicherweise neue Ansätze und Instrumente zur Umsetzung der Geldpolitik und zur Regulierung der Finanzinstitute.

Währungssysteme und Zentralbanken

Zurückblickend auf die Gründung und die Entwicklung der Banken ist festzustellen, dass sie zunächst privat gegründet wurden, um den Kaufleuten im Rahmen ihres Handels Kredite zu gewähren.

Diese wurden von den Regierungen als Lösung für das Problem der Staatsverschuldung im Rahmen des Goldstandards gegründet. Um dies zu verstehen, müssen wir uns mit der Frage der Geldsysteme und der Geldpolitik befassen.

Das moderne Geldsystem basiert auf dem Vertrauen in den Staat und wird dadurch aufrechterhalten, dass der Staat die Zahlung für Geld garantiert, das an sich keinen Wert hat. Mit anderen Worten: Das Geld, das heute im Umlauf ist, ist stark durch die Garantie gekennzeichnet, dass der Staat seinen Nennwert bezahlt.

In der Vergangenheit begannen die Menschen, die sich mit dem Fehlen eines Tauschmittels in der Tauschwirtschaft unwohl fühlten, sich für Edelmetalle zu interessieren, die für sich genommen wertvoll und schön waren, darunter Gold, ein seltenes und kostbares Metall, das die Menschheit seit langem begleitet.

Als seltenes und kostbares Metall, das nicht leicht korrodiert, haltbar ist und sich leicht trennen und transportieren lässt, ist es leicht von anderen Metallen zu unterscheiden und schwer zu fälschen, so dass es sich für Geld als Tauschmittel eignet.

Insbesondere wurde die Einführung eines Geldsystems notwendig, um Steuern einzutreiben, als zentralisierte Regierungen gegründet wurden und die Besteuerung zu einer wichtigen Einnahmequelle wurde.

Ein Medium wie Geld wurde benötigt, um die Steuererhebung zu erleichtern und um sicherzustellen, dass die erhobenen Steuern ihren Wert behielten und bei Bedarf liquide waren.

Neben Gold kamen auch Silber und Kupfer als Geld in Umlauf, erreichten aber nicht die Popularität von Gold.

Als jedoch die Wirtschaft wuchs und der internationale Handel aktiver wurde, stieg die Nachfrage nach Geld, und das Angebot an Gold konnte aufgrund seiner begrenzten Reserven nicht schnell erhöht werden, was zu einem Nachfrageüberhang führte, der mit suboptimalen Mitteln wie Silber gelöst wurde.

Einige Regierungen haben versucht, Gold und Silber durch staatlich ausgegebenes Geld zu ersetzen.

Der staatliche Kredit schien jedoch nicht wertvoller zu sein als Gold und Silber, die ihren eigenen Wert hatten.

Heutzutage ist das Konzept der Nation und des Staates auf der ganzen Welt so etabliert, dass es Sinn macht, dass ein Staat seine Versprechen nicht einhält, aber in Europa wurde das Konzept der Nation erst im 18. und 19.

Gehen wir zum Beispiel ein paar hundert Jahre zurück vom heutigen New York zum New York der Vergangenheit. Wenn ich ein Stück lokaler Währung hätte, das von einem amerikanischen Indianerhäuptling gedeckt ist, oder einen holländischen Geldschein, der von der holländischen Regierung gedeckt ist, und New York käme unter holländische und dann unter britische Kontrolle, was wäre dann mein Geldschein wert?

Dies ist ein sehr extremes Beispiel, aber staatliche Zahlungsgarantien können je nach Regimewechsel, Krieg, Naturkatastrophen und anderen Variablen unterschiedlich viel wert sein, und im schlimmsten Fall könnten sie wertloses Papier sein.

Hätte man es jedoch in Gold, müsste man sich keine Gedanken darüber machen, ob es indianisch, holländisch, britisch oder wer auch immer regiert, weshalb eine Währung, die ihren eigenen Wert hat, wie eine Goldmünze, dem von der Regierung ausgegebenen Geld vorzuziehen wäre.

In Europa kam es im Mittelalter zu einer Reihe von Kriegen zwischen den Nationen, und die Nachfrage nach einer nationalen Währung stieg aufgrund der verschiedenen Ausgaben, die für die Kriegsführung erforderlich waren. Aufgrund der steigenden Kriegskosten wollten die Regierungen Geld wie

Goldmünzen ausgeben, aber die begrenzte Menge an Gold reichte nicht aus, um den Bedarf der Regierung zu decken.

In ihrer Verzweiflung gaben die Regierungen Anleihen aus, deren Rückzahlung vom Staat garantiert wurde, so dass sie sich Geld vom privaten Sektor leihen konnten, um den Krieg zu bezahlen.

Da sich die Regierungen jedoch selbst überforderten, wurden sie mit unbezahlbaren Schulden und Zinszahlungen belastet.

Die vernünftige Lösung wäre, dass die Regierungen unbegrenzt Geld drucken, um ihre Schulden zu tilgen, aber das von den hoch verschuldeten und unzuverlässigen Regierungen ausgegebene Geld war nichts weiter als ein Stück Papier.

So kamen Regierungsbeamte auf die Idee, dass die Menschen, wenn sie der Regierungsgarantie nicht trauten, weil sie nicht vertrauenswürdig war, ihr vertrauen würden, wenn man ihnen Gold zeigen und es in Gold umtauschen könnte, d. h. wenn es sich um eine Form von Geld handelte, die durch Gold gedeckt war, und daraus entwickelte sich der Goldstandard, der Goldstandard und die Goldumtauschpolitik, was bedeutet, dass Gold die Grundlage für den Wert des Geldes ist.

Die britische Regierung weist beispielsweise darauf hin, dass sie eine Tonne Gold in ihren Tresoren hat, und verspricht, eine 1.000-Pfund-Note gegen ein Gramm Gold zu tauschen.
Wenn die Menschen eine 1.000-Pfund-Note jederzeit gegen ein Gramm Gold eintauschen können, dann hat die Note den gleichen Wert wie das Gold. Dies setzt natürlich voraus, dass die Regierung ihr Umtauschversprechen einhält.

In einer solchen Situation könnte die Regierung 1.000 x 1.000.000 = 1.000.000.000 Pfund Geld ausgeben, da die Goldmenge, die die Regierung besitzt, 1 Tonne beträgt.

Damit ist die Geldmenge begrenzt, und sie kann nicht unbegrenzt wachsen.
Wenn die Regierung die Geldmenge erhöhen will, muss sie mehr Gold schürfen, kaufen oder leihen, so dass die Geldmenge begrenzt ist.

Reines, staatlich gedecktes Geld, dem die Menschen nicht vertrauten, wurde durch staatlich ausgegebenes, goldgedecktes Geld ersetzt, dem die Menschen vertrauten, und die Geldmenge wurde begrenzt, was zu einer Deflation führte. Nachdem die Regierung den Goldstandard eingeführt hatte, konnte sie Geld emittieren und gründete eine Zentralbank als Emissionsbehörde, die nicht nur für die Ausgabe von Geld, sondern auch für die Verwaltung der von der Regierung ausgegebenen Staatsanleihen zuständig war.

Die Regierungen, die der Belastung durch die wachsende Verschuldung und die Emission von Staatsanleihen entgehen wollten, legten die Lösung für ihre massive Staatsverschuldung in die Hände der Zentralbank.

Die Zentralbanken können die Nachfrage der Regierungen oft dadurch befriedigen, dass sie mehr Geld drucken, als sie an Goldreserven besitzen, was jedoch den Nebeneffekt hat, dass es die Inflation anheizt.

Im 18. Jahrhundert, als die Staatsschuldenprobleme Frankreichs und Englands immer gravierender wurden, kam die Idee auf, die Staatsschulden auf den privaten Sektor zu übertragen, indem man Staatsanleihen gegen Aktien von Aktiengesellschaften tauschte, anstatt die Anleihen gegen knappes Gold einzutauschen.

Dann wurde das Projekt entwickelt, das Problem der Staatsverschuldung durch den Umtausch von Staatsanleihen im Besitz des privaten Sektors in Aktien eines vom privaten Sektor oder der Regierung gegründeten Unternehmens zu lösen.

Der Umtausch von Staatsanleihen in Geld war nur möglich, weil das Geld mit Gold unterlegt war, weil es Gold gab, und damit Staatsanleihen in etwas anderes als Geld oder Gold umgetauscht werden konnten, mussten sie selbst wertvoll sein, wie etwa Gold.

Damit Staatsanleihen in Aktien eines Unternehmens umgetauscht werden können, müssen die Aktien des Unternehmens etwas wert sein, und dazu muss der Wert der Aktien steigen.

Durch diesen Prozess entstehen Blasen, und der unvermeidliche Zusammenbruch dieser künstlich geschaffenen Blasen führt zu vielen Opfern, wie etwa der Zusammenbruch der Aktienblase der Mississippi Company in Frankreich und der South Sea Company im Vereinigten Königreich.

Regierungen und Zentralbanken haben lange von einem System geträumt, in dem das von ihnen emittierte Geld durch eine schwerfällige Golddeckung abgesichert ist und unbegrenzt gedruckt werden kann.

Im Rahmen des Goldstandards, bei dem die Goldreserven größer sein müssen als die Geldmenge, gibt es jedoch eine Grenze für die Goldmenge, die gedruckt werden kann, und die Geldmenge, die gedruckt werden kann, kann diese Grenze nicht überschreiten.

In der Neuzeit begannen die großen Industrieländer, darunter auch die Vereinigten Staaten, die das Geldangebot unter dem Goldstandard nicht mehr bewältigen konnten, da ihre Wirtschaft immer größer wurde und die Nachfrage nach Geld aufgrund großer Kriege in die Höhe schoss, den Goldstandard aufzugeben, und es wurde eine Kreditgesellschaft eingerichtet, in der alle Transaktionen mit staatlich gedecktem Geld durchgeführt werden.

Die Fähigkeit der Regierung, unbegrenzte Mengen an Geld auszugeben, ist ein lang gehegter Wunsch, aber derzeit sind nur die Vereinigten Staaten, die weltweit führende Währung, dazu in der Lage.

Bei einer unbegrenzten Geldausgabe durch die koreanische Regierung sind viele wirtschaftliche Variablen zu berücksichtigen, wie z. B. Inflation, Preisblasen bei Vermögenswerten und die Abwertung des koreanischen Won auf dem internationalen Devisenmarkt aufgrund von Überkapazitäten.

Im Falle Südkoreas gilt der Won im Vergleich zum Dollar, der als Reservewährung eingestuft ist, noch nicht als sehr sicher, so dass das Land über ausreichende Devisenreserven für den Fall einer gefährlichen Situation wie einer Finanzkrise verfügt.
Im Falle von Entwicklungsländern kann eine Dollarknappheit zu einer schweren Wirtschaftskrise führen, wie es 1997 in Korea der Fall war.
Die Südkoreaner achten zwar nicht so sehr auf die Goldbestände der Zentralbank, wohl aber auf die Devisenreserven des Landes, die monatlich veröffentlicht werden.
Das mag an den schmerzhaften Erinnerungen an 1997 liegen, aber so wie die Menschen früher auf die Menge des Goldes achteten, die sie besaßen, haben sie ihre Aufmerksamkeit auf die Menge der Dollars verlagert, die die Regierung hält.

Vielleicht ist die Welt vom Goldstandard abgekommen, aber den Dollarstandard gibt es schon seit dem Goldstandard, wobei der Dollar als Reservewährung die Rolle des Goldes ersetzt hat.

Man muss sich auch Gedanken über die Mechanismen machen, die den Wert von Bitcoin erhalten und bewahren.

Im Gegensatz zu staatlich ausgegebenen Währungen, die eine staatliche Garantie haben, wird der Preis von privat ausgegebenen Münzen im Wesentlichen durch Angebot und Nachfrage bestimmt, und die Nachfrage hat nicht ihren eigenen Wert wie Gold oder Silber.

Wenn jedoch ein Land wie El Salvador Bitcoin als Transaktionsmittel einführt, könnte es als Währung einen Wert haben, aber ich frage mich, ob Bitcoin, dessen Preis sehr volatil ist und der Schwächen in Bezug auf Zahlungsgarantien hat, ohne ein Mittel zur Erhaltung des Wertes des Dollars oder des Goldstandards überleben kann, die in der Vergangenheit einem harten Wettbewerb und heftigen Debatten ausgesetzt waren.

Wirtschaftskrisen, die durch eine übermäßige Emission von Währungen und eine Politik der Aufrechterhaltung der Wechselkurse verursacht werden

Die ersten Beispiele für eine Inflation lassen sich bis ins alte Rom zurückverfolgen. Während der Regierungszeit von Kaiser Augustus im alten Rom gab es tatsächlich eine Zeit der Inflation, die sich jedoch von der heutigen Auffassung von Inflation unterschied.

Die Inflation während der Regierungszeit von Augustus wurde durch eine Kombination von Faktoren verursacht, darunter höhere Staatsausgaben, ein geringeres Angebot an Edelmetallen, die als Zahlungsmittel verwendet wurden, und eine gestiegene Nachfrage nach Waren und Dienstleistungen, aber Augustus gab auch viel Geld für Krieg und Infrastruktur aus, was die Staatsfinanzen stark belastete.

Außerdem ging der Vorrat an Gold, Silber und anderen Edelmetallen, die im Römischen Reich als Zahlungsmittel verwendet wurden, zurück, und die Expansion des Römischen Reiches erhöhte die Nachfrage nach Waren und Dienstleistungen, was die Preise weiter in die Höhe trieb.

Die Auswirkungen der augusteischen Inflation machten es den Armen und der Arbeiterklasse schwer, über die Runden zu kommen, was zu sozialen Unruhen und gewalttätigen Protesten führte.

Als Reaktion auf die Inflation führte Augustus eine Reihe von Maßnahmen ein, darunter Preiskontrollen und Währungsreformen, die jedoch nur begrenzt zur Stabilisierung der Preise beitrugen und während der gesamten Geschichte des Römischen Reiches ein Problem darstellten.
Insbesondere während der Herrschaft von Kaiser Nero wurde die Währung abgewertet, indem die Silbermenge in jeder Münze reduziert und durch billigere Metalle wie Kupfer ersetzt wurde.

Dies geschah, um Neros verschwenderische Ausgaben und Kriege zu finanzieren, trug aber auch zur Inflation und zum Wertverfall der römischen Währung bei.
Im alten Rom enthielten die Münzen immer weniger Gold, Silber und andere Edelmetalle, da die Kaiser trotz begrenzter Reserven dieser Metalle die Geldmenge erhöhen wollten.
Die Menschen begannen, die Münzen mit dem geringsten Edelmetallgehalt, d. h. die mit dem niedrigsten realen Wert, auszugeben und die mit den meisten Edelmetallen zu behalten. Dies birgt das Risiko der Inflation und der

Geldentwertung in sich.

Nehmen wir zum Beispiel an, eine Münze mit 10 Gramm Gold wird als 100-Dollar-Goldmünze in Umlauf gebracht.
Die heutige Goldmünze enthält 10 Gramm Gold, aber in einem Monat wird die Münze 9 Gramm Gold enthalten, und in zwei Monaten wird sie 8 Gramm Gold enthalten.

Wenn jedoch die 10-Gramm-Goldmünze, die 9-Gramm-Goldmünze und die 8-Gramm-Goldmünze im Umlauf sind, werden sie als 100-Dollar-Goldmünzen verwendet.

Es wäre nicht nötig, die 10-Gramm-Goldmünze zu verwenden, die einen höheren inneren Wert hat.
Es wäre sinnvoll, die Goldmünze mit dem geringsten Goldanteil zu verwenden und die Goldmünze mit dem höchsten Goldanteil zu lagern.
Denn wenn eine Goldmünze mit 5 Gramm Gold später als 100-Dollar-Goldmünze verwendet wird, wäre eine Goldmünze mit 10 Gramm Gold theoretisch 200 Dollar wert.

Dieses geldpolitische Verhalten führte dazu, dass Münzen mit geringem Edelmetallgehalt im aktiven Umlauf blieben und Münzen mit hohem Edelmetallgehalt vom Markt verschwanden.
Thomas Gresham, ein englischer Ökonom aus dem 16. Jahrhundert, nannte dieses Phänomen "deterioration builds positivity" und es ist als Gresham's Law bekannt.

Das Gresham'sche Gesetz besagt, dass, wenn zwei Geldformen mit gleichem Nennwert, aber unterschiedlichem inneren Wert im Umlauf sind, diejenige mit dem niedrigeren inneren Wert dazu neigt, diejenige mit dem höheren inneren Wert aus dem Verkehr zu ziehen.
Von der Antike bis in die Neuzeit waren Kriege die häufigste Ursache für dieses Phänomen des Greshamschen Gesetzes, bei dem sich der Wertverlust immer weiter verstärkt.

Seit der römischen Antike waren Kriege eine der Hauptursachen für Inflation, und der Zusammenhang zwischen Krieg und Inflation wurde auch in der Neuzeit nicht unterbrochen, einschließlich der Weltkriege I und II und des russisch-ukrainischen Krieges.
Kriege können auf verschiedene Weise zu Inflation führen.

Erstens steigt in Kriegszeiten die Nachfrage nach Waren und

Dienstleistungen, da die Regierungen verstärkt Kriegsmaterial beschaffen. Zweitens können Kriege Lieferketten und Handelswege unterbrechen und die Verfügbarkeit von Waren und Dienstleistungen einschränken.

Dies kann zu höheren Preisen führen, da die Anbieter ihre Waren teurer anbieten können, um das zusätzliche Risiko und die Kosten für den Transport der Waren auszugleichen.

Drittens kann ein Krieg zu einer Verringerung des Angebots an Arbeitskräften und Ressourcen führen. Wenn viele fähige Arbeitskräfte zum Militär eingezogen werden, stehen weniger Arbeitskräfte für die Produktion von Waren und Dienstleistungen zur Verfügung.

Außerdem können Ressourcen wie Öl und Metalle für Kriegszwecke abgezweigt werden, so dass sie für den zivilen Verbrauch oder die zivile Produktion nur noch eingeschränkt zur Verfügung stehen, was zu einem Anstieg der Rohstoffpreise führt.

Schließlich können Kriege zu einer Abwertung der Währungen in den Ländern der Kriegsparteien führen. Hohe Staatsausgaben und Kreditaufnahmen zur Finanzierung der Kriegskosten erhöhen das Geldangebot dramatisch, was zu Inflation und einem Wertverlust des Geldes führt.

Von der Antike bis zum Mittelalter haben die inflationären Nebenwirkungen dieser Kriege und das Problem der Staatsverschuldung, einschließlich der zur Finanzierung der Kriege ausgegebenen Staatsanleihen, Politikern und Bürokraten stets Kopfzerbrechen bereitet.

Unter dem Druck, diese Probleme zu lösen, waren Regierungsbeamte und Zentralbanker im mittelalterlichen Europa versucht, das unbegrenzte Drucken von Geld als Mittel zur Finanzierung und Lösung von Schuldenproblemen zu nutzen, und praktizierten es sogar.

Das Drucken von Geld, um Kriege zu finanzieren und Schulden zu tilgen, hatte jedoch eine Reihe von Nebeneffekten für die gesamte Wirtschaft, darunter eine extreme Inflation, eine Abwertung der Währung und einen Rückgang des Vertrauens in die Regierung. Diese Nebeneffekte führen häufig zu Zusammenbrüchen der Finanzmärkte und Wirtschaftskrisen.

Unter dem Goldstandard wirkten die endlichen Goldreserven in gewissem Maße als Beschränkung des Geldumlaufs, aber seit 1971, als der Goldstandard aufgegeben wurde, ist diese Beschränkung weggefallen, und es ist leicht zu erkennen, wie eine Politik der Geldüberschüsse, die zur Abwendung einer kurzfristigen Krise durchgeführt wird, trotz der Notwendigkeit eines sorgfältigen Managements durch Regierungsbeamte zu einer größeren Krise führen kann.

Neben der Geldmenge sind die politischen Entscheidungsträger auch versucht, den Wechselkurs zu manipulieren.

Je nach Geldmenge steigt der Wechselkurs, wenn das Angebot sinkt (Aufwertung), und sinkt der Wechselkurs, wenn das Angebot steigt (Abwertung), so dass sie versucht sind, den Wechselkurs zu manipulieren, indem sie die Geldmenge in ihrer Währung kontrollieren.

Die Länder verfolgen in der Regel eine Politik der Aufwertung ihrer Währungen (hohe Wechselkurse) aus den folgenden Gründen

Erhöhung der Kaufkraft

Ein hoher Wechselkurs bedeutet, dass Importe billiger sind und die Verbraucher mehr Kaufkraft haben.

Dies kann vor allem für Länder wichtig sein, die bei bestimmten Rohstoffen, wie z. B. Öl, stark von Importen abhängig sind.

Kontrolle der Inflation

Durch die Verbilligung von Importgütern und die Senkung der Kosten für Produktionsmittel, wie z. B. importierte Rohstoffe, kann die Inflation eingedämmt werden.

Dies kann besonders in Ländern wichtig sein, die unter Inflation leiden.

Schuldenabbau

Wenn Sie viele auf Fremdwährung lautende Schulden oder Gelder aus dem Ausland haben, werden Sie diese wahrscheinlich in der Landeswährung zurückzahlen müssen.

Höhere Auslandsinvestitionen

Wenn der Wechselkurs hoch ist, nehmen die ausländischen Kapitalzuflüsse zu und die Auslandsinvestitionen steigen, wenn der Wechselkurs jedoch fällt, kommt es zu einem starken Abfluss von ausländischem Kapital.

Dies kann jedoch die Ausfuhren verteuern, so dass sie auf dem Weltmarkt weniger wettbewerbsfähig sind und die Ausfuhren zurückgehen, und es kann zu erheblichen Devisenabflüssen führen, wenn das Land versucht, den Wechselkurs im Vergleich zu seinem inneren Wert zu hoch zu halten.

Umgekehrt gibt es Fälle, in denen das Ziel darin besteht, die Zahlungsbilanz zu verbessern, indem eine Politik der niedrigen Wechselkurse beibehalten wird,

d. h. eine Abwertung, die die Wettbewerbsfähigkeit der Exporte begünstigt.

Insbesondere Länder, die ihre Wechselkurse an den US-Dollar gekoppelt haben, um eine übermäßige Inflation zu bekämpfen, konnten ihre Volkswirtschaften stabilisieren, indem sie unmittelbare Wechselkursschwankungen ausschalteten.

Wenn sich jedoch der Wert des Dollars als Reaktion auf die US-Geldpolitik änderte, ging dies nicht mit einer Änderung des inneren Wertes der Landeswährung einher, der oft vom wahren inneren Wert abwich.

Da der Wechselkurs nicht den wahren inneren Wert der Währung widerspiegelte, entstand ein Schwarzmarkt, auf dem die Währung zu einem vom offiziellen Wechselkurs abweichenden Preis gehandelt wurde, und sie war häufig das Ziel von Spekulanten, was zu Wirtschaftskrisen führte.

Wenn die Zinserhöhung in den USA den Wert des Dollars erhöht, wenn die quantitative Lockerung der US-Notenbank die Geldmenge erhöht und den Dollar abwertet, oder wenn die Angst vor einer Coronavirus-Pandemie eine Präferenz für den Dollar schafft, sollte der Wert der Landeswährung entsprechend schwanken.

Es gibt jedoch viele Fälle, in denen ein starres Wechselkurssystem zu einer Diskrepanz zwischen dem inneren Wert der Landeswährung und dem offiziellen Wechselkurs geführt hat, was zu Wirtschaftskrisen wie etwa Devisenkrisen führte.

Um einen festen Wechselkurs aufrechtzuerhalten, müssen die Zinssätze oder die Geldmenge angepasst werden, und die Auswirkungen der heiklen Geldpolitik der Regierung und der Marktinterventionen funktionieren möglicherweise nicht wie gewünscht.
Dies ist eine Schwäche, die von Spekulanten ausgenutzt werden kann, vor allem, wenn Liquidität gegen den Dollar nicht ohne weiteres verfügbar ist.

Ein naheliegendes Beispiel ist die Politik der hohen Wechselkurse, die von der Regierung Kim Young-sam vor der IWF-Rettung Südkoreas umgesetzt wurde.

Südkorea musste ein Pro-Kopf-Einkommen von 20.000 Dollar erreichen, um der Organisation für wirtschaftliche Zusammenarbeit und Entwicklung (OECD) beizutreten, die damals darauf drängte, als entwickeltes Land anerkannt zu werden, und angesichts des Verfahrens zur Berechnung des Pro-Kopf-Einkommens in Dollar war es von Vorteil, einen aufwertenden

Wechselkurs beizubehalten.

Der Wechselkurs des Won gegenüber dem Dollar, der bei Amtsantritt von Präsident Kim Young-sam bei über 800 Won lag, fiel in der Folge der Hochkurspolitik auf Mitte der 70er Jahre und wertete auf fast 100 Won auf. In der Folge verteuerten sich die südkoreanischen Exporte, wodurch sich das Handelsdefizit vergrößerte, was einer der Faktoren war, die zur Erschöpfung der Währungsreserven führten.

Die Folgen der Erschöpfung der Devisenreserven in Verbindung mit der Währungskrise in Südostasien, einschließlich Thailand, führten zu der beispiellosen Situation, ein Rettungspaket des IWF zu beantragen.

Darüber hinaus können Krisen, die durch einen übermäßigen Währungsüberhang und das Scheitern künstlicher Maßnahmen zur Aufrechterhaltung der Wechselkurse verursacht werden, zu einem plötzlichen Vertrauensverlust in die Währung eines Landes führen, was eine starke Abwertung und eine anschließende Wirtschaftskrise zur Folge hat.

Hier sind einige Beispiele für Finanzkrisen, die durch eine überhöhte Währung verursacht wurden.

Asiatische Finanzkrise (1997-1998)
Thailands Wirtschaftskrise Ende der 1990er Jahre wurde zum großen Teil durch die Entscheidung des Landes verursacht, seine Währung, den Baht, an den US-Dollar zu binden. Durch diese Bindung wurde der Wechselkurs zwischen dem Baht und dem Dollar festgelegt, was bedeutete, dass die Bank von Thailand den Wechselkurs durch den An- und Verkauf von Dollar auf dem Devisenmarkt aufrechterhalten musste.

Die Bindung führte aus folgenden Gründen zur Wirtschaftskrise in Thailand
Überbewertete Währung
Der feste Wechselkurs führte dazu, dass der Baht gegenüber anderen Währungen, einschließlich der Währungen von Thailands Handelspartnern, überbewertet wurde.
Dadurch wurden die thailändischen Exporte teurer und auf dem Weltmarkt weniger wettbewerbsfähig, was zu einem Rückgang der Exporte und einer Ausweitung des Handelsdefizits führte.

Ausländische spekulative Kapitalzuflüsse
Der feste Wechselkurs hat Thailand zu einem attraktiven Ziel für ausländische Investoren gemacht, da er ein stabiles Investitionsumfeld bietet und einen

festen Wechselkurs garantiert. Infolgedessen kam es zu einem großen Zustrom von ausländischem Kapital, das eher spekulativ als produktiv ist.

Steigende Auslandsverschuldung
Der Zustrom ausländischen Kapitals führte zu einem starken Anstieg der thailändischen Auslandsverschuldung, was das Land anfällig für plötzliche Stimmungsschwankungen bei den Investoren machte.

Als das Vertrauen der Anleger zu schwinden begann, zogen viele ausländische Investoren ihr Geld aus Thailand ab, und das Finanzsystem des Landes war von einem plötzlichen Kapitalabfluss bedroht.

Im Juli 1997 war die thailändische Regierung gezwungen, den Baht abzuwerten, um spekulativen Angriffen auf die Währung zu begegnen. Nach dieser Krise breitete sich die Finanzkrise in ganz Südost- und Ostasien aus, als Indonesien, Malaysia, die Philippinen, Südkorea und Hongkong das Vertrauen ausländischer Investoren zu verlieren begannen.

Die Bindung Thailands an den US-Dollar trug zur Wirtschaftskrise des Landes bei, da sie spekulative Kapitalzuflüsse anlockte, die den Baht überbewerteten und die Auslandsverschuldung erhöhten.

Als sich die Stimmung unter den Anlegern verschlechterte, war Thailand nicht mehr in der Lage, einen festen Wechselkurs beizubehalten, was eine Finanzkrise auslöste, die sich auf die gesamte Region ausbreitete.

Mexikanische Peso-Krise (1994-1995)
Die mexikanische Regierung hielt viele Jahre lang einen überbewerteten Wechselkurs gegenüber dem Peso aufrecht, um ausländische Investitionen anzuziehen, die Inflation zu kontrollieren und die heimische Industrie zu schützen.

Die Beibehaltung eines überbewerteten Wechselkurses war jedoch auf lange Sicht nicht tragbar und trug zu den wirtschaftlichen Ungleichgewichten bei, die schließlich zur Peso-Krise führten.

Die mexikanische Peso-Krise war eine Finanzkrise, die im Dezember 1994 begann und bis Anfang 1995 andauerte.
Im Dezember 1994 kündigte die mexikanische Regierung eine 15%ige Abwertung des Peso an, um die Exporte anzukurbeln und das Leistungsbilanzdefizit zu verringern. Die Abwertung führte jedoch zu einem Absturz des Peso, da ausländische Investoren versuchten, ihre mexikanischen

Anlagen zu verkaufen.

Die mexikanische Regierung erhöhte die Zinssätze um bis zu 80 %, um die Währung zu stabilisieren, was jedoch die Rezession verschärfte und zu Insolvenzen und Arbeitsplatzverlusten führte.

Die mexikanische Regierung wandte sich an die Vereinigten Staaten und den Internationalen Währungsfonds (IWF), um Hilfe bei der Bewältigung der Krise zu erhalten, und sicherte sich schließlich ein Rettungspaket in Höhe von 50 Milliarden Dollar.

Die Krise hatte erhebliche Auswirkungen auf die mexikanische Wirtschaft - das Bruttoinlandsprodukt (BIP) sank 1995 um etwa 6 % - und führte zu Reformen, um die der Krise zugrunde liegenden wirtschaftlichen Ungleichgewichte zu beseitigen.
Mexiko hielt während der Peso-Krise an einer Politik der hohen Wechselkurse fest, da dies als Mittel zur Anziehung ausländischer Investitionen, zur Kontrolle der Inflation und zum Schutz der heimischen Industrie angesehen wurde.
Diese Politik führte jedoch langfristig zu unhaltbaren wirtschaftlichen Ungleichgewichten und trug letztlich zur Schwere der Krise bei.

Russische Finanzkrise (1998)
In den späten 1990er Jahren geriet Russland aufgrund seiner Politik der Aufrechterhaltung eines unterbewerteten Wechselkurses in eine Wirtschaftskrise. Anfang der 1990er Jahre verfolgte die russische Regierung eine Politik der Aufrechterhaltung eines abgewerteten Wechselkurses

gegenüber ihrer Landeswährung, dem Rubel, um die Exporte anzukurbeln und das Wirtschaftswachstum zu stimulieren.

Diese Politik hatte jedoch mehrere negative Folgen und führte schließlich zu der Krise.

Inflation

Der niedrige Wechselkurs verteuerte die Importe, was zu einer höheren Inflation in Russland führte.

Dadurch wurde es für die Regierung schwieriger, die Inflation durch die Geldpolitik zu kontrollieren, da der niedrige Wechselkurs die Preise in die Höhe trieb.

Kapitalabflüsse

Der niedrige Wechselkurs machte es auch für russische Bürger und Unternehmen attraktiver, ihr Vermögen in Fremdwährungen zu halten, da der Rubel gegenüber anderen Währungen an Wert verlor.

Dies führte zu einer beträchtlichen Kapitalflucht aus Russland, wodurch die Devisenreserven des Landes erschöpft wurden und die Beschaffung von Devisen für Importe erschwert wurde.

Schuldentilgung

Die Politik der niedrigen Wechselkurse erschwerte Russland auch die Rückzahlung seiner auf Fremdwährung lautenden Auslandsschulden. In dem Maße, wie der Rubel an Wert verlor, stieg die Menge an Rubel, die zur Bedienung der Schulden benötigt wurde, was die Finanzen des Landes belastete.

Im August 1998 veranlassten diese politischen Versäumnisse in Verbindung mit einem Rückgang der Staatseinnahmen aufgrund des damaligen Ölpreisverfalls die russische Regierung dazu, den Rubel abzuwerten und ein Moratorium für die Begleichung einiger Auslandsschulden auszusprechen, was eine Finanzkrise auslöste, die zu einem starken Rückgang der Wirtschaftstätigkeit und einem starken Anstieg der Inflation führte.

Die Krise hatte erhebliche Auswirkungen auf andere Länder, da die Einnahmen Russlands zurückgingen und das Land nicht in der Lage war, seine ausländischen Gläubiger zu bezahlen.

Russlands Politik der niedrigen Wechselkurse trug zur Wirtschaftskrise bei, da sie Inflation verursachte, Kapitalflucht begünstigte und die Rückzahlung von Auslandsschulden erschwerte.

Als die Regierung erkannte, dass sie den niedrigen Wechselkurs nicht länger aufrechterhalten konnte, und ein Moratorium verkündete, löste sie eine Finanzkrise aus, die erhebliche Ausstrahlungseffekte auf andere Länder hatte.

Deutsche Hyperinflation in den 1920er Jahren
Die durch ein Überangebot an Geld verursachte Hyperinflation in Deutschland in den 1920er Jahren war einer der schwersten Fälle von Hyperinflation in der Geschichte.
Nach der Niederlage im Ersten Weltkrieg war Deutschland hoch verschuldet und musste Reparationszahlungen an die Alliierten leisten.
Um diese Schulden zu begleichen, beschloss die deutsche Regierung, viel Geld zu drucken, wodurch die Geldmenge stark anstieg.

Zunächst hatte die Erhöhung der Geldmenge keine großen Auswirkungen auf die Preise. Als jedoch mehr Geld zur Verfügung stand, begannen die Menschen zu erkennen, dass der Wert der D-Mark rasch sank. Dies führte zu einem Vertrauensverlust in die Währung, was wiederum zu einem Anstieg der Inflation führte.

Trotz der rasch steigenden Preise verschärfte die deutsche Regierung das Problem, indem sie mehr Geld druckte. Bis 1923 verdoppelten sich die Preise für Grundnahrungsmittel alle paar Tage, und die Menschen mussten Schubkarren voller Bargeld mit sich herumtragen, nur um grundlegende Waren zu kaufen.

Die allzu berühmte Anekdote von einem Dieb, der eine Schubkarre voller Bargeld stiehlt und damit davonläuft, wobei er das Bargeld zurücklässt und die Schubkarre mitnimmt, wird oft zitiert, wenn es um die Auswirkungen der Inflation geht. Zu dieser Zeit verlor die Deutsche Mark so stark an Wert, dass sie weniger wert war als eine Schubkarre.

Die Hyperinflation hatte tiefgreifende Auswirkungen auf die deutsche Gesellschaft. Die Ersparnisse der Menschen wurden vernichtet und Menschen mit festem Einkommen, wie z. B. Rentner, wurden ärmer.

Die Mittelschicht wurde besonders hart getroffen, da ihre Ersparnisse wertlos wurden und sie ihre wirtschaftliche Stabilität verloren. Einige Menschen gingen dazu über, Waren und Dienstleistungen zu tauschen, anstatt Geld auszugeben.
Die Hyperinflation hatte auch politische Auswirkungen, da sie das Vertrauen in die Regierung schwächte und zum Aufstieg extremistischer Gruppen wie der NSDAP beitrug.

Die durch deutsche Währungsexzesse in den 1920er Jahren verursachte Hyperinflation war ein verheerendes Ereignis, das tiefgreifende Auswirkungen auf die deutsche Gesellschaft hatte und zur Instabilität der Nachkriegszeit beitrug.

Hyperinflation in Simbabwe (2008-2009)
Die simbabwische Regierung druckte übermäßig viel Geld, um ihr Haushaltsdefizit zu finanzieren, was zu einer Hyperinflation und einem Zusammenbruch der Währung führte.
Von Hyperinflation spricht man, wenn die Inflationsrate eines Landes so hoch ist, dass die Preise für Waren und Dienstleistungen unkontrolliert steigen und die Währung des Landes fast wertlos wird.

Simbabwe hatte bereits Anfang der 2000er Jahre eine Hyperinflation erlebt, als sich die Preise gegenüber den täglichen Höchstständen verdoppelten. Der Fall Simbabwe ist einer der schwersten Fälle von Hyperinflation in der modernen Geschichte, der Ende der 1990er Jahre begann und 2008 seinen Höhepunkt erreichte.

Die Hyperinflation in Simbabwe wurde durch eine Kombination von Faktoren verursacht, darunter
Wirtschaftliches Missmanagement
Die simbabwische Regierung verfolgte eine Politik, die zum wirtschaftlichen Zusammenbruch beitrug, z. B. die entschädigungslose Beschlagnahmung von Land von weißen Farmern, was zu einer Unterbrechung des Landwirtschaftssektors und einem Rückgang der Nahrungsmittelproduktion

führte. Darüber hinaus überstiegen die Staatsausgaben die Einnahmen, was zu einem enormen Haushaltsdefizit und der Abhängigkeit vom Gelddrucken zur Finanzierung der Regierungsaktivitäten führte.

Abwertung der Währung

Die Regierung wertete auch den simbabwischen Dollar ab, um die Wettbewerbsfähigkeit der Exporte zu erhöhen und das Handelsdefizit des Landes zu verringern.

Diese Abwertung führte jedoch zu einem Vertrauensverlust in die Währung, da die Menschen merkten, dass ihre Ersparnisse rasch an Wert verloren.

Politische Instabilität

Die politische Instabilität in Simbabwe, einschließlich der umstrittenen Wahlen 2008 und der Gewalt gegen die Opposition, trug zur Wirtschaftskrise bei, da sie das Vertrauen der Investoren untergrub und die ausländische Hilfe reduzierte.

Infolge dieser Faktoren geriet die Inflationsrate in Simbabwe außer Kontrolle. Im Jahr 2007 stiegen die Preise im Durchschnitt um 98 % pro Tag, und im November 2008 hatte die jährliche Inflationsrate 89.700 Billionen % (89.700.000.000.000.000.000.000 %) erreicht.

Die Hyperinflation hatte verheerende Auswirkungen auf die simbabwische Wirtschaft und Bevölkerung. Ersparnisse wurden vernichtet, Unternehmen mussten schließen, und Grundbedürfnisse wie Lebensmittel und Medikamente wurden unerschwinglich.

Die Regierung gab schließlich 2009 den simbabwischen Dollar auf und verwendet nun eine Kombination von Fremdwährungen.

Die Hyperinflation in Simbabwe wurde durch eine Kombination aus wirtschaftlichen Bedingungen, rücksichtslosen Ausgaben, Währungsabwertung und politischer Instabilität verursacht, die zu einem Vertrauensverlust in die Währung und rasch steigenden Preisen führte.

Die Hyperinflation hatte verheerende Auswirkungen auf die Wirtschaft und die Menschen in Simbabwe: Viele verloren ihre Ersparnisse und konnten sich die Grundbedürfnisse nicht mehr leisten.

Venezolanische Wirtschaftskrise (2014-heute)

Die venezolanische Regierung hielt strenge Devisenkontrollen aufrecht und druckte übermäßig viel Geld, um ihr Haushaltsdefizit zu finanzieren, was zu einer Hyperinflation und einem Verfall des Wertes der Währung führte. Die Wirtschaftskrise Venezuelas wurde durch eine Kombination von Faktoren verursacht, von denen einer das übermäßige Drucken von Geld war.

Venezuela hat eine lange Geschichte von staatlichen Eingriffen in die Wirtschaft, einschließlich der Verstaatlichung von Industrien und Preiskontrollen. In den frühen 2000er Jahren begann die Regierung unter Präsident Hugo Chavez, große Mengen an Geld zu drucken, um Sozialprogramme und Staatsausgaben zu finanzieren. Dies führte zu einem erheblichen Anstieg der Geldmenge, was wiederum zu einer Inflation führte.

Als die Inflation weiter anstieg, reagierte die Regierung mit der Einführung von Preiskontrollen für Waren und Dienstleistungen, was zu Engpässen bei grundlegenden Gütern wie Lebensmitteln und Medikamenten führte.

Außerdem schränkte die Regierung den Zugang zu ausländischen Währungen ein, was es den Unternehmen erschwerte, Waren zu importieren oder Auslandsschulden zu begleichen. Die Inflationsrate in Venezuela lag 2017 bei über 2.600 % pro Jahr.

Die Hyperinflation ist auf eine Kombination von Faktoren zurückzuführen, darunter der Rückgang des Ölpreises, des wichtigsten Exportguts Venezuelas, sowie übermäßige Staatsausgaben, Korruption, Misswirtschaft und Beschränkungen beim Währungsumtausch.

Die Hyperinflation hat zu einer Verknappung von Gütern des Grundbedarfs, hoher Arbeitslosigkeit, weit verbreiteter Armut und einer massenhaften Abwanderung von Menschen geführt, die versuchen, dem Land zu entkommen.
Die übermäßige Geldmengenausweitung und die daraus resultierende Inflation haben in Verbindung mit anderen Faktoren zu der Wirtschaftskrise in Venezuela geführt, die verheerende Auswirkungen auf das Land und seine Bevölkerung hat.

Inflation, Zinssätze und Wechselkurse

1. Inflation

Der Preis des Geldes bzw. der Wert der Dinge verhält sich umgekehrt proportional zum Wert des Geldes. Wenn Sie 1971 35 Dollar für eine Unze Gold bezahlt haben, müssten Sie 1980 1.000 Dollar bezahlen, um sie zu kaufen.

Unter der Annahme, dass sich der Wert des Goldes nicht ändert, bedeutet dies, dass sich der Wert des Goldes nicht geändert hat, der Wert des Dollars aber gesunken ist, so dass man mehr Dollar für den Kauf einer Unze Gold ausgeben muss.

Wenn wir den Wert von Gold auf der Grundlage des aktuellen Goldpreises bewerten würden, wäre eine Unze Gold im Jahr 1971 35 Dollar wert, und im Jahr 2023 wäre sie über 2.000 Dollar wert, was einer Steigerung um das 57-fache in etwa 50 Jahren entspricht. Wenn man jedoch den Dollar in Gold umrechnet, hat er 57 Mal an Wert verloren.

Wenn Sie zum Beispiel vor einem Jahr einen Hamburger bei McDonald's für 4 Dollar gekauft haben und er heute 8 Dollar kostet, wie viel hat der Dollar an Wert verloren?

Der Preis des Hamburgers hat sich verdoppelt, aber der Wert des Dollars ist um den Faktor zwei gesunken.

Mit anderen Worten: Der Preis des Hamburgers hat sich verdoppelt und der Wert des Dollars ist gesunken.

Dieses Beispiel basiert auf der extremen Annahme, dass der einzige Gegenstand, der die Inflation misst, Gold oder ein Hamburger ist.

Die gebräuchlichsten Messgrößen für die reale Inflation sind der Verbraucherpreisindex (CPI) und der Erzeugerpreisindex (PPI), die durch die Durchschnittsbildung der Preise von Waren und Dienstleistungen, die in der realen Welt verbraucht oder produziert werden, berechnet werden.

Die Preise von Immobilien und Aktien werden jedoch in der Regel nicht in diese Inflationsmaße einbezogen.

Da Immobilien und Aktien als Vermögenswerte und nicht als Waren oder Dienstleistungen betrachtet werden, und da sie das Eigentum an einem physischen oder finanziellen Vermögenswert und nicht den direkten Kauf von Waren oder Dienstleistungen darstellen, unterliegen ihre Preise anderen Marktkräften als die Preise von Waren und Dienstleistungen.

Darüber hinaus sind die Preise von Immobilien und Aktien im Allgemeinen volatiler als die Preise von Waren und Dienstleistungen.

Daher ist es üblich, diese Vermögenswerte von der Inflationsmessung auszuschließen, da ihre Einbeziehung in die Inflationsmessung die Volatilität der Inflationsrate erhöhen würde, was zu Fehlern in der Inflationsmessung führen könnte.

Wenn diese Inflation auftritt, sinkt der Wert Ihres Bargeldes von Tag zu Tag, und Sie sollten es besser ausgeben oder investieren.

In Ländern, die in Südamerika eine Hyperinflation erlebten, war es üblich, dass die Menschen ihr gesamtes Tagesgeld am selben Tag ausgaben.

Der Grund dafür ist, dass die Preise für lebensnotwendige Güter ständig steigen und es am günstigsten ist, sie heute auszugeben.

Wird das Bargeld, das ich heute mit meinem Gehaltsscheck erhalte, in einem Jahr noch den gleichen Wert haben wie heute? Wenn ich von einer Inflationsrate von 10 % ausgehe, kann ich davon ausgehen, dass mein Bargeld in einem Jahr 10 % weniger wert sein wird.

Was kann ich tun, um den Wert meines Geldes zu erhalten? Wenn ich es bei einer Bank anlege und 10 % Zinsen erhalte, erhalte ich den Wert meines Geldes heute.

Und wenn Sie 15 % Zinsen erhalten, beträgt Ihr Realzins abzüglich der Inflationsrate 5 %, d. h. Sie werden für Ihre Ersparnisse bezahlt, indem Sie auf den aktuellen Konsum verzichten. Zinsen sind die Belohnung für den Verzicht auf den gegenwärtigen Konsum von Geld.

Wenn Sie investieren oder sparen, opfern Sie den gegenwärtigen Konsum für den zukünftigen Konsum, und die Belohnung für dieses Opfer und diesen Verzicht sind Zinsen.

Wenn wir davon ausgehen, dass die erwartete Inflationsrate 10 % beträgt und der Zinssatz für Bankeinlagen oder der aktuelle Ausgabesatz von US-Schatzanleihen 20 % beträgt, werden die Menschen ihr Geld bei Banken anlegen oder in Schatzanleihen investieren.

Dieser Anstieg der Zinssätze wird das Geld aus dem Markt in die Bank saugen. Da das Angebot an umlaufendem Geld sinkt, steigt der Wert des Geldes und die Inflation geht zurück. Der Grund dafür ist, dass ein Anstieg der Zinssätze einen Anstieg des Geldwertes bedeutet.

Inflation bedeutet im Grunde, dass der Wert des Geldes sinkt. Theoretisch müsste also die Währung eines Landes mit relativ hoher Inflation stärker abgewertet werden als die Währung eines Landes mit niedriger Inflation.

Die Währung eines Landes mit starker Inflation, z. B. eines Landes wie

Simbabwe mit einem Billionen-Dollar-Schein, wird schneller und stärker abwerten als die Währung eines Landes mit relativ niedriger Inflation, z. B. Japan.

Und um den Wert einer sinkenden Währung zu verteidigen, müssen die Zinsen, die die Menschen für ihre Einlagen bei einer Bank erhalten, erhöht werden, damit sie kein Geld verlieren.
Wenn der Zinssatz unter der Inflationsrate liegt, ist der reale Zinssatz negativ, so dass der Zinssatz mindestens so hoch wie die Inflationsrate sein muss, damit die Bank Einlagen anzieht.

2. Die Zinssätze
Die Straffung der Geldpolitik führt zu einer Verringerung der Güternachfrage, indem sie Geld aus dem Markt in die Bank abzieht und so die Preise unter Kontrolle hält.

Wenn der Zinssatz im Vergleich zu anderen Ländern niedrig ist, sinkt der Wert der Landeswährung durch den Abfluss von Geldern in Länder mit höheren Zinssätzen, so dass es für die Stabilität des Wechselkurses notwendig ist, die Zinssituation in anderen Ländern zu beobachten und sich an die Zinsänderungen anzupassen.

Wenn der Zinssatz in den USA höher ist als der Zinssatz in Korea, werden Ausländer, die in Korea investiert haben, versuchen, den Won zu verkaufen (das Angebot an Won steigt, der Wert des Won sinkt) und Dollar zu kaufen (die Nachfrage nach Dollar steigt, der Wert des Dollars steigt) und in die USA zu gehen, so dass der Wert des Won sinkt und der Wert des Dollars steigt.
Wenn sich der Wechselkurs durch eine Erhöhung der Zinssätze stabilisiert, wird die Inflation durch die Stabilisierung der Einfuhrpreise eingedämmt.

Allerdings sind dem Einsatz höherer Zinssätze zur Kontrolle der Inflation Grenzen gesetzt.
Eine Anhebung der Zinssätze, die nicht willkürlich erfolgen kann, verringert das Geldangebot und erhöht die Zinslast für verschuldete Haushalte und Unternehmen, was zu einer Stagnation der Wirtschaft führt.

Hinzu kommt, dass im modernen Zeitalter der Finanzinstitute hohe Zinsen mehr Nebenwirkungen haben als niedrige. Die S&L-Krise in den Vereinigten Staaten und die Sparkassenkrise in Südkorea sind typische Beispiele für Zusammenbrüche von Finanzinstituten in Zeiten steigender Zinsen.

Sparkassen in der zweiten Reihe, die mit den Geschäftsbanken in der ersten

Reihe konkurrieren, müssen höhere Zinssätze als Geschäftsbanken anbieten, um Einlagen anzuziehen, und das Problem ist, dass sie höhere Renditen erzielen müssen, um zu überleben.

Das Problem ist, dass sie höhere Renditen erzielen müssen, um zu überleben. Wie das Sprichwort sagt, hohes Risiko, hohe Belohnung, und um hohe Renditen zu erzielen, müssen sie hohe Risiken eingehen. In Zeiten steigender Zinsen waren sie eine der Hauptursachen für Insolvenzen, da risikoreiche Anlagen wie Gewerbeimmobilien, Junk Bonds, MBS und Immobilien-PFs zu massiven Verlusten geführt haben.

Vor allem steigende Zinsen sind ein Warnsignal, da die Immobilienpreise in Zeiten steigender Zinsen aufgrund wirtschaftlicher Abschwünge und höherer Fremdkapitalkosten häufig einbrechen.
Darüber hinaus besteht ein umgekehrtes Verhältnis zwischen steigenden Zinsen und fallenden Anleihekursen. Um dies zu erkennen, betrachten wir den Handel mit Anleihen, die abgesehen von den Zinssätzen die gleichen Bedingungen aufweisen, wie z. B. die Bonitätsbewertung.

Nehmen wir an, eine gestern emittierte Anleihe hat einen Oberflächenzinssatz von 5 % und der Nennwert der Anleihe beträgt auf dem Markt 10 $.
Der Marktpreis der gestern ausgegebenen Anleihe wäre der Nennwert von 10 $ gewesen.
Da der Marktzinssatz gestern 5 % betrug und die zu einem Zinssatz von 5 % ausgegebenen Anleihen von den Instituten verdaut werden, entspricht der aktuelle Zinssatz dem aktuellen Marktzinsniveau.

Wenn jedoch heute eine Anleihe mit einem Kupon von 6 % ausgegeben wird, können wir sagen, dass der Marktzins auf 6 % gestiegen ist. Wie hoch ist dann der Kurs einer gestern ausgegebenen Anleihe mit einem Kupon von 5 %? Heute wird die Anleihe mit einem 6 %igen Kupon zu 10 $ gehandelt.
Wenn eine Anleihe mit einem Kupon von 6 % zu 10 $ gehandelt wird, müsste dann eine Anleihe mit einem schlechteren Kupon von 5 % nicht zu einem niedrigeren Preis als den gestrigen 10 $ verkauft werden?

Wenn umgekehrt eine heute ausgegebene Anleihe mit einem Kupon von 4 % am Markt auf 4 % gefallen ist und heute zu 10 $ gehandelt wird, könnte dann eine Anleihe mit einem besseren Kupon von 5 % nicht für mehr als die gestrigen 10 $ verkauft werden?

Das ist der Grund, warum auf dem Anleihemarkt der Kurs von Anleihen sinkt, wenn der Marktzins steigt, und der Kurs von Anleihen steigt, wenn der Zinssatz sinkt.

Der Grund, warum der Anleihemarkt so wichtig ist, ist, dass man im Gegensatz zu Aktien selbst dann, wenn man beim Marktpreis einer Anleihe Geld verliert, sein Kapital und seine Zinsen erhält, wenn man die Anleihe bis zur Fälligkeit hält, solange der Emittent nicht in Konkurs geht, weshalb sie von vielen institutionellen Anlegern als sicheres Anlageinstrument genutzt wird.

Der Nachteil ist jedoch, dass man, wenn man sie nicht bis zur Fälligkeit hält, Liquiditätsprobleme bekommen und sogar Geld verlieren kann, wie es beim Konkurs der Bank of Silicon Valley im März 2023 der Fall war.

Die große Menge an Geld, die zur Bekämpfung der Pandemie freigesetzt wurde, und die Vergeltungsausgaben nach der Pandemie führten zu einer Inflation, die durch den Einmarsch Russlands in der Ukraine noch verstärkt wurde, was die Energiepreise in die Höhe trieb und die US-Notenbank dazu veranlasste, die Zinssätze durch den Offenmarktausschuss der US-Notenbank (Federal Open Market Committee, FOMC) stark anzuheben.

Die Silicon Valley Bank, die ihre Einlagen während der Niedrigzinsphase über einen langen Zeitraum in sichere Anlagen wie US-Schatzanleihen investierte, war eine Bank mit einem sehr hohen Anteil an US-Schatzanleihen.

Als die Bank aufgefordert wurde, kurzfristige Einlagen zu bezahlen, musste sie langfristige Staatsanleihen verkaufen, um die kurzfristigen Einlagen zu bezahlen, aber der Kurs der Staatsanleihen fiel aufgrund des Zinsanstiegs, und die Bank war gezwungen, die Anleihen mit Verlust zu verkaufen.

Die Verluste aus dem Verkauf dieser Anleihen wurden dann in den Jahresabschlüssen ausgewiesen, was zu einem Defizit führte.

Als die Verluste der Bank aus den Anleihen über verschiedene Medien bekannt wurden, zogen verunsicherte Einleger ihre Einlagen ab, was einen Ansturm auf die Bank auslöste, so dass die Silicon Valley Bank den Liquiditätsengpass nicht überwinden konnte und in Konkurs ging.

Das Risiko der Fristeninkongruenz zwischen kurzfristigen und langfristigen Finanzierungen wurde bereits während der koreanischen Finanzkrise im Finanzierungs- und Managementverhalten koreanischer Finanzkonglomerate deutlich.

Es wird jedoch darauf hingewiesen, dass, obwohl es sich um die schlimmste Situation handelte, in der mehrere Risikofaktoren gleichzeitig auftraten, wie der Konkurs des Schuldners, das Problem der Absicherung des Wechselkursrisikos aufgrund der Beschaffung und des Betriebs verschiedener Fremdwährungen und die Aussetzung der Verlängerung kurzfristiger Mittel, Gegenmaßnahmen für das Risikomanagement und interne Kontrollen wie Stresstests vorbereitet werden mussten.

Banken sind im Wesentlichen damit beschäftigt, kurzfristige Mittel zu beschaffen, um langfristige Mittel zu leihen und eine Sicherheitsspanne zu genießen.

Die Ausweitung der Margen erhöht die Rentabilität insbesondere dann, wenn die kurzfristigen Zinssätze sinken, während die Zentralbanken die langfristigen Zinssätze mit einer gewissen Verzögerung senken.

Die langfristigen Zinssätze werden im Laufe der Zeit durch den Rückgang der kurzfristigen Zinssätze beeinflusst, und wenn die langfristigen Zinssätze sinken, werden auch die entsprechenden Hypothekenzinsen für Immobilien sinken.

Die auf dem Markt freigesetzte Liquidität fließt in den Immobilienmarkt, wodurch eine Immobilienblase mit geringerer Verschuldung entsteht, und die Banken erhöhen ihre Immobilienkredite.

Erhöht dagegen eine Zentralbank ihren Leitzins, kann die zeitliche Verzögerung dazu führen, dass der langfristige Zinssatz gleich bleibt und sich das Verhältnis zwischen langfristigen und kurzfristigen Zinsen umkehrt.

Die Geschäftsbanken müssen ihren kurzfristigen Einlagenkunden höhere Zinssätze zahlen, während die Zinssätze ihrer langfristigen Kreditkunden nicht steigen, wodurch eine umgekehrte Spanne entsteht.

Letztendlich werden die Banken keine andere Wahl haben, als ihre langfristigen Zinssätze zu erhöhen, was die langfristigen Zinssätze in die Höhe treibt, und diese Umkehrung der kurzfristigen und langfristigen Zinssätze kann gefährlich sein.

Es ist nur eine Frage der Zeit, bis die Immobilienblase platzt, weil die langfristigen Zinssätze steigen, während die kurzfristigen Zinssätze auf demselben Niveau bleiben. Außerdem ist es üblich, dass die langfristigen Zinssätze aufgrund von Inflation, Vermögenszuwachs und Ausgleich für Liquiditätsprämien höher sind als die kurzfristigen Zinssätze.

Wenn sich dies jedoch umkehrt, wird dies als Warnzeichen für eine Rezession angesehen, da es darauf hindeutet, dass die Anleger die langfristigen Wirtschaftsaussichten negativ einschätzen.

Wenn die Zentralbank ein Inflationsziel festlegt und die Zinsen anhebt, um die Inflation zu bekämpfen, kann es auf dem Immobilienmarkt zu einem Platzen der Blase kommen, da die Fremdkapitalkosten steigen.

Und das Platzen von Immobilienblasen, die wiederum den Ausfall von Banken als Finanzierungsquelle verursachen und zu Finanzkrisen führen, ist eine typische Form der Wirtschaftskrise seit dem 20.

Jahrhundert eine typische Form der Wirtschaftskrise. Diese Krisen, die durch die Expansion und Kontraktion von Währungen verursacht werden, verlaufen zyklisch, wie die Zyklen des Konjunkturzyklus, und haben zum Zusammenbruch vieler Finanzinstitute geführt.

Das Risiko einer Inkongruenz in der Fälligkeitsstruktur von Geldern ist häufig dem Geschäftsmodell des empfangenden Finanzinstituts inhärent. Daher ist die Einführung und Überprüfung von Managementtechniken wie dem Aktiv-Passiv-Management (ALM) zur Vorbereitung auf solche Risiken eine wesentliche Überlebensstrategie für empfangende Finanzinstitute.

Obwohl das moderne Finanzsystem eine komplexe Struktur mit vielen Derivaten ist, handelt es sich immer noch um ein System, das sich mit dem wesentlichen Produkt Geld befasst, und Änderungen der Zinssätze, die als Verwendungspreis für Geld angesehen werden können, haben viele Auswirkungen auf die Finanzmärkte wie die Inflation, den Aktienmarkt und den Anleihemarkt.

Insbesondere die Entwicklung der Zinssätze auf dem Anleihemarkt liefert nützliche Informationen über die Geldströme. Die Zinssätze von

Staatsanleihen, die auf dem Sekundärmarkt gehandelt werden, sind umgekehrt proportional zu ihrer Bonitätsbewertung durch eine Rating-Agentur.

Hat ein Land eine ausgezeichnete Bonität, wie die Vereinigten Staaten oder Japan, kann es zu einem niedrigen Zinssatz emittiert werden, während der Zinssatz für Staatsanleihen von weniger entwickelten Ländern oder Entwicklungsländern relativ hoch ist.

Öffentliche Fonds und Pensionsfonds in Ländern, die ihre Devisenreserven aufgrund von Handelsüberschüssen oder steigenden Rohstoffpreisen erhöht haben, neigen dazu, Staatsanleihen oder Anleihen mit hoher Bonität zu bevorzugen, um Devisen sicher zu verwalten.

Insbesondere der Markt für Staatsanleihen reagiert empfindlich auf Wirtschaftskrisen, und ein Anstieg des Zinssatzes für Staatsanleihen eines Landes geht mit einem Anstieg von Risikoindizes wie dem Credit Default Swap (CDS) des Landes einher, was ein rotes Signal dafür ist, dass die Anleger glauben, dass die wirtschaftlichen Aussichten des Landes negativ sind.

Daher kann man in Krisenzeiten einen Eindruck vom wahren Wert der Wirtschaft eines Landes gewinnen, indem man sich ansieht, bei welchen Ländern die Zinsen für Staatsanleihen gleich bleiben und bei welchen sie steigen.

In Zeiten einer Wirtschaftskrise sinken die Zinssätze für Staatsanleihen von Ländern wie den Vereinigten Staaten, Japan und Deutschland tendenziell, und die Zinssätze für Staatsanleihen anderer Länder, die als sicher gelten, sinken.

Umgekehrt steigen die Zinsen für Staatsanleihen, die als risikoreich gelten, tendenziell an.

Mit der Verschärfung der Krise werden die Renditen von US-Staatsanleihen weiter sinken und die Renditen von Staatsanleihen entwickelter Länder mit geringerer Bonität als die der USA werden leicht steigen.

Daher ist es unwahrscheinlich, dass ein Land mit ausreichenden Devisenreserven, einem sauberen Kreditrating und einem stetigen Handelsüberschuss während einer Wirtschaftskrise einen starken Anstieg der CDS oder einen starken Anstieg der staatlichen Zinssätze erlebt.

Wenn die Anleger die verschiedenen Wirtschaftsindikatoren des Landes analysieren und zu dem Schluss kommen, dass es keinen Grund zur Sorge gibt, wird der Markt wahrscheinlich keine Maßnahmen ergreifen, um Gelder abzuziehen. Im Allgemeinen stehen Inflation, Zinssätze und Wechselkurse in Wechselwirkung zueinander und korrigieren sich durch den internationalen Handel selbst.

3. Wechselkurse

Ein Blick zurück auf die Situation in Südkorea vor und nach der asiatischen Finanzkrise von 1997 zeigt, welche Rolle die Selbstkorrektur gespielt hat.

Als das Reverse-Plaza-Abkommen von 1995 den Yen gegenüber dem Dollar abwertete und japanische Exporte auf Überseemärkten wie dem US-Markt wettbewerbsfähiger machte, wurden koreanische Exporte, die mit japanischen Waren auf Überseemärkten konkurrierten, relativ teurer, was das koreanische Handelsdefizit vergrößerte.

Dies bedeutete einen Abfluss von Devisen, was mit einer Aufwertung des Dollars auf dem Devisenmarkt und einer Abwertung des Won auf dem Devisenmarkt einherging.

Die Logik der Selbstkorrektur im internationalen Handel besteht darin, dass der Preis der südkoreanischen Exporte sinkt, was zu einem Anstieg der Exporte führt, und der Preis der Importe steigt, was zu einem Rückgang der Importe führt, was wiederum zu einer Annäherung des Handelsdefizits an einen Ausgleich führt.

Künstlich zu verhindern, dass die Preise steigen oder fallen, kann jedoch negative Auswirkungen haben, wie die Preis- und Mengenkontrollen gezeigt haben, die während der Coronavirus-Pandemie zu einer Verknappung von Gütern wie Masken führten, oder Robespierres Milchpreiskontrollen während der Französischen Revolution, die die Milch- und Futtermittelpreise in die Höhe schnellen ließen.

Zu dieser Zeit basierte das Wechselkurssystem Südkoreas auf einem

Marktkurs.

Der Wechselkurs wurde durch einen volumengewichteten Durchschnitt der Notierungen der Devisenbanken am selben Tag festgelegt, aber es war ein starres System, das die täglichen Schwankungen nach oben oder unten begrenzte.

Der Kurs war im März 1990 auf 0,4 %, im November 1994 auf 1,5 % und im Dezember 1995 auf 2,25 % angepasst worden.

Als der Wechselkurs jedoch Anfang 1997 auf 2,25 % begrenzt wurde, konnte er mit der Nachfrage nach Dollars, die das Land verließen, nicht Schritt halten, da die Koreaner eine Wirtschaftskrise spürten und den Won verkauften, um Dollars zu kaufen.

Derzeit ist die tägliche Schwankung des koreanischen Aktienmarktes auf 30 % nach oben und 30 % nach unten begrenzt. Aktien mit hohem oder niedrigem innerem Wert können jedoch tagelang an der Ober- oder Untergrenze liegen.

Das liegt daran, dass die künstliche Preiskontrolle die Zeit bis zum Erreichen des wahren Wertes verlängert.

Das Problem entsteht jedoch beim Volumen. Wer glaubt, dass der Kurs steigen wird, verkauft nicht zu diesem Preis, und wer glaubt, dass er fallen wird, kauft nicht zu diesem Preis, so dass nur sehr wenig Handel stattfindet. Erst nach einer signifikanten Preiskorrektur explodiert das Volumen schließlich.

So geschehen im Jahr 1997, und das machte es schwierig, an Dollar zu kommen.

Am 20. November 1997 wurde die tägliche Fluktuation des Wechselkurses auf 10 % erhöht, aber die Abwertung und Fluktuation des Won war noch viel höher. Am 16. Dezember 1997 wurde die tägliche Schwankungsgrenze schließlich vollständig aufgehoben und ein frei schwankendes Wechselkurssystem eingeführt.

Der Wechselkurs des Won zum Dollar schwankte über 2.000 Won, stabilisierte sich aber im Laufe der Zeit, und Korea wurde 1998 zu einem Land mit Handelsbilanzüberschuss, da die Abwertung des Won die Wettbewerbsfähigkeit seiner Exporte erhöhte.

Durch die Einführung eines frei schwankenden Wechselkurssystems konnte die Selbstkorrektur richtig funktionieren.

Das System der festen Wechselkurse oder des kontrollierten Floatens wird aufgrund der Starrheit der Wechselkursschwankungen als eine Art künstliche Preiskontrollpolitik angesehen, die die Selbstkorrektur im internationalen Handel zum Scheitern brachte.

Neben den Wechselkursen gibt es auch Fälle, in denen Regierungen aktiv in den Markt eingreifen, um die selbstkorrigierenden Effekte des internationalen Handels umzukehren.

Der Handel zwischen den Vereinigten Staaten und China ist ein Beispiel für ein staatliches Eingreifen zur Verhinderung dieser Selbstkorrektur.
Die Vereinigten Staaten haben ein wachsendes Handelsdefizit mit China, und China hat einen wachsenden Handelsüberschuss mit den Vereinigten Staaten. Theoretisch sollte der Dollar in den USA durch Dollarabflüsse schwächer und der Yuan in China durch eine sich selbst korrigierende Handelsbilanz stärker werden, aber das Handelsungleichgewicht zwischen den beiden Ländern besteht weiterhin.

In einer normalen Situation hätten die USA ein übermäßiges Handelsdefizit, das den Dollar schwächt und die Preise für importierte Waren steigen lässt, was zu einer Inflation führt.
Um die Inflation einzudämmen, werden dann die Zinssätze erhöht, was zu einer Abfolge von schwachem Dollar, hohen Preisen und hohen Zinssätzen führt.

Aus der Sicht der USA wird das Handelsbilanzdefizit durch einen Kapitalbilanzüberschuss ausgeglichen, was die übliche Inflation und hohe Zinsen verhindert.
Aus der Sicht Chinas könnten erhöhte Exporte in die USA zu einer Abwertung des Dollars und einer Aufwertung des Yuan, der chinesischen Landeswährung, führen.

In einer solchen Situation könnte die chinesische Zentralbank eine Politik der Ausweitung der Währungsmenge auf dem Markt verfolgen, indem sie Yuan druckt, um die ins Land kommenden Dollars zu kaufen und sie dann in Dollars umzutauschen - eine Politik, die als Monetisierungspolitik bekannt ist.

Wenn die chinesische Zentralbank Yuan ausgibt, um durch den Handelsüberschuss mit den Vereinigten Staaten Dollar zu kaufen, wird das Angebot an Yuan auf dem Markt zunehmen, und der Prozess, bei dem das Angebot an ausländischer Währung zu einer Ausweitung der inländischen Währung führt, wird als "Eierlegen" bezeichnet.
Wenn jedoch durch diese Politik viel Geld auf den Markt gebracht wird, hat dies den Nebeneffekt, dass es zu einer Inflation im Inland kommt.

Um eine Inflation zu verhindern, kann die Zentralbank daher Staatsanleihen, wie z. B. Währungsstabilitätsanleihen, ausgeben, um den vom Markt freigegebenen RMB aufzufangen, und der Anstieg des Währungsvolumens durch Handelsüberschüsse kann den Verkauf von Staatsanleihen auffangen.
Dies ist das Gegenteil einer Sterilisierungspolitik, die auf verschiedene Weise beschrieben werden kann, einschließlich Sterilisierung, Sterilisierung und Sterilität.

Zusammenfassend lässt sich sagen, dass die chinesische Zentralbank in den USA erwirtschaftete Dollars durch die Ausgabe von Yuan kauft, und dass der auf den Markt gebrachte Yuan durch die Ausgabe von Staatsanleihen zurückgekauft wird, um sich vor Inflation zu schützen.

Der Yuan wird dann zum Kauf von US-Staatsanleihen verwendet, die wiederum zum Schutz des Dollars vor Abwertung eingesetzt werden.

Je größer der kumulierte Handelsüberschuss mit den Vereinigten Staaten ist, desto mehr Staatsanleihen gibt die chinesische Regierung aus, um diese Politik umzusetzen.
Dadurch erhöht sich die Zinslast, die die chinesische Regierung für die Anleihen zu zahlen hat, was wiederum die fiskalische Belastung der chinesischen Regierung erhöht.

Wie im Falle Japans führt eine höhere Emission von Staatsanleihen zu einem Rückgang des Preises von Staatsanleihen und zu einem Anstieg der Zinssätze für Staatsanleihen, weshalb China eine Zinskontrollpolitik verfolgt hat.
Der Einlagensatz wird auf 1,5 % bis 2 % und der Kreditzins auf 4 % bis 5 % begrenzt.

Während die Unternehmen angesichts des Wirtschaftswachstums und der Inflationsraten Kredite zu niedrigen Zinssätzen aufnehmen können, was ihre Exporte wettbewerbsfähiger macht, werden den Sparern Anlagemöglichkeiten vorenthalten, die höhere Renditen hätten bringen können.

Die Regierung verkauft diesen Sparern niedrig verzinste chinesische Staatsanleihen und kontrolliert die Zinssätze, damit die Zinslast für chinesische Staatsanleihen nicht steigt.
Durch diese Politik konnte China seinen Wechselkurs und die Inflation angemessen verteidigen, die Zinsen niedrig halten und sein Haushaltsdefizit verringern.

Aus chinesischer Sicht sind die USA der größte Abnehmer von Waren, und als Reservewährung möchte China den Status quo beibehalten, da es der größte Emittent von US-Schatzpapieren ist.
Diese Beziehung zwischen China und den Vereinigten Staaten ist nicht typisch. Sie ist nur aufgrund besonderer Umstände möglich, wie dem Status der USA als Großmacht und Chinas kontrollierter Wirtschaft.

Eher typisch ist eine Beziehung wie das Handelsungleichgewicht zwischen Griechenland und Deutschland.
Vor seiner Finanzkrise im Jahr 2009 hatte Griechenland ein jährliches Handelsdefizit mit Deutschland angehäuft, einem führenden Produktionsland in der Eurozone.

Da es außer der Schifffahrt und dem Tourismus nur wenige wettbewerbsfähige Wirtschaftszweige gibt, war Griechenland gezwungen, mehr aus Deutschland zu importieren, einem weltweit führenden Hersteller, nachdem die Währung des Landes unter dem Euro vereinheitlicht worden war.

Die Schaffung einer gemeinsamen Währung, des Euro, hat die Transaktionskosten des Handels zwischen den Ländern der Eurozone drastisch gesenkt. Dies hatte zur Folge, dass das Handelsvolumen zwischen den Ländern der Eurozone zunahm.

Während die Währungen der führenden Länder der Eurozone, wie z. B. Deutschlands, im Zuge der Vereinheitlichung des Euro abwerteten, um den Durchschnitt innerhalb der Eurozone widerzuspiegeln, wertete die Währung des untersten Landes, Griechenland, auf, so dass die deutschen Exporte mehr Handelsüberschüsse gegenüber den untersten Ländern der Eurozone erwirtschafteten.

Im Falle Griechenlands erfordert die Anhäufung eines Handelsbilanzdefizits eine Selbstkorrektur des Wechselkurses, um das Defizit zu verringern, aber durch die Vereinheitlichung der Währung entfällt dieses Instrument.

Im Falle der USA und Chinas haben Chinas Käufe von US-Staatsanleihen das Ungleichgewicht korrigiert, indem sie es der Kapitalbilanz ermöglichten, das Handelsdefizit auszugleichen.

Im Falle Griechenlands geschah etwas Ähnliches. Der Abfluss von Euro aufgrund des Handelsungleichgewichts wurde durch Kredite und Investitionen ausländischer Banken in der Eurozone in Griechenland ausgeglichen.

Mit dem zunehmenden Handelsungleichgewicht wuchs die griechische Staatsverschuldung, und griechische Staatsanleihen waren nicht so beliebt wie US-Staatsanleihen, so dass sie höhere Zinsen zahlen mussten, und als Reservewährung war Griechenland nicht in der Lage, unbegrenzt Geld zu drucken.

Als die globale Finanzkrise 2008 von den Vereinigten Staaten ausging und die Welt nach sicheren Anlagen suchte, war Griechenland gezwungen, Staatsanleihen zu höheren Zinsen auszugeben, um seine wachsende Staatsverschuldung zu begleichen, was sich die Regierung nicht leisten konnte und ein Moratorium ausrief.

Die Weltwirtschaftskrise hat bewiesen, dass die Schulden von Risikoländern wie Griechenland immer höhere Zinsen zahlen müssen, wenn sichere Anlagen bevorzugt werden, und dass Ereignisse wie das Moratorium wahrscheinlicher sind.

Da die Anleger weltweit dazu neigen, in Krisenzeiten nach sicheren Anlagen mit guter Liquidität zu suchen, werden die Zinssätze für risikoreiche Anlagen zwangsläufig steigen.

Während der jüngsten Krise, die durch den Konkurs von Finanzinstituten in den USA und Europa verursacht wurde, fiel der koreanische Aktienmarkt, da ausländische Anleger ihre Aktien verkauften.

Dies war jedoch nicht wie in der Vergangenheit auf eine negative Einschätzung der koreanischen Wirtschaft zurückzuführen, sondern vielmehr auf den Wunsch, als Erster zu verkaufen und aus den liquiden koreanischen Aktien Bargeld abzuziehen.

Um festzustellen, ob die Abwanderung ausländischer Investoren vorübergehend ist oder nicht, können wir uns den Markt für Staatsanleihen ansehen.

Wenn sie die koreanische Wirtschaft negativ einschätzen, werden sie wahrscheinlich koreanische Staatsanleihen auf dem Markt für Staatsanleihen verkaufen, und wenn nicht, werden sie sie in einer Krise kaufen.

Im Falle eines Verkaufs koreanischer Staatsanleihen würde der Kurs der Staatsanleihen einbrechen, wie es während der asiatischen Finanzkrise geschah, und die Zinssätze müssten steigen, da neue Staatsanleihen zu höheren Zinssätzen ausgegeben werden müssten.

Wenn jedoch die Nachfrage ausländischer Anleger nach koreanischen Staatsanleihen als sichere Anlage steigt, wird der Kurs der Staatsanleihen steigen und der Zinssatz für Staatsanleihen sinken.

Auch wenn die Zinssätze in anderen konkurrierenden Ländern steigen, sind die Zinssätze in Korea, abgesehen von internen Problemen, niedrig geblieben, so dass die koreanische Wirtschaft von ausländischen Investoren noch nicht negativ gesehen wird.

Quantitative Lockerung und moderne Geldtheorie (MMT)

1. Überblick

In modernen Ländern verfügt die Regierung über einen im Voraus festgelegten und genehmigten Staatshaushalt und verwendet das Geld für soziale und indirekte Investitionsausgaben, Wohlfahrt, Verteidigung usw., um dem privaten Sektor Mittel zur Verfügung zu stellen und die private Nachfrage zu stimulieren, was als Finanzpolitik bezeichnet wird.

Darüber hinaus ist die Geldpolitik eine Politik, die die private Nachfrage indirekt beeinflusst, indem sie den Benchmark-Zinssatz anpasst, Staatsanleihen auf dem Sekundärmarkt kauft oder verkauft oder den Rediskontsatz für Geldtransaktionen mit Finanzinstituten oder den Prozentsatz der Reserven, die Finanzinstitute bei der Zentralbank hinterlegen, anpasst.

Diejenigen, die die Wirksamkeit der Geldpolitik in dieser Richtung der Regierungspolitik mehr befürworten, bevorzugen den Einsatz der Geldpolitik durch die Zinspolitik, einschließlich der quantitativen Lockerung. Auf der anderen Seite argumentieren Ökonomen, die die Moderne Geldtheorie (MMT) vertreten, dass die Regierung in der Lage sein sollte, ihre fiskalische Macht zu nutzen, um die Wirtschaft direkt zu beeinflussen, und dass die Fiskalpolitik ein besseres Instrument ist als die Geldpolitik.
Im Gegensatz zu den Monetaristen, die für ausgeglichene Haushalte plädieren, argumentieren die Befürworter der Fiskalpolitik im Rahmen der modernen Geldtheorie, dass Defizite unvermeidlich sind und dass bei übermäßigen Staatsfinanzen die Finanzkraft zur Schuldentilgung genutzt werden kann.

In der Vergangenheit, als die Realwirtschaft groß und das Finanzsystem unterentwickelt war, waren die Nutzungsrate und die Wirksamkeit der Fiskalpolitik hoch, aber da das Finanzsystem ausgefeilter und größer geworden ist, sind die Spillover-Effekte der Geldpolitik immer größer geworden.

Da die Globalisierung und die Lockerung der Finanzvorschriften, wie z.B. die Liberalisierung der Devisenmärkte, den freien Kapitalverkehr zwischen den Ländern ermöglicht haben, steht die Geldpolitik in engem Zusammenhang mit Wechselkursschwankungen und wirkt sich sogar auf die Regulierung von Devisen aus.
Mit der zunehmenden Nutzung von Fremdkapital hat auch der Zugang zu Krediten und der Einfluss der Zinspolitik auf die Märkte für Vermögenswerte wie Immobilien und Aktien zugenommen.

Es ist ein Beweis für den Einfluss des Finanzsystems auf die Realwirtschaft, dass es häufig dazu benutzt wird, die Inflation, also ein Ungleichgewicht der Preise in der Realwirtschaft, durch eine Anhebung der Zinssätze zu bekämpfen.

In der Vergangenheit lösten Abschwünge oder Misserfolge in der Realwirtschaft häufig Krisen auf den Finanzmärkten aus, doch in der heutigen Zeit werden Krisen in der Realwirtschaft häufig durch Änderungen der Geldpolitik ausgelöst, was die wachsende Abhängigkeit der Realwirtschaft vom Finanzsystem verdeutlicht.

Dies zeigt die wachsende Abhängigkeit der Realwirtschaft vom Finanzsystem. Da die Finanzierung der Realwirtschaft zunehmend von den Finanzmärkten abhängt, kann es zu einem Zusammenbruch der Realwirtschaft kommen, wenn die Kosten der Fremdfinanzierung stärker und schneller steigen als die Preise der realen Vermögenswerte, was wiederum zum Zusammenbruch der Finanzmärkte beiträgt.

Aus diesem Grund waren die Konjunkturzyklen in der Vergangenheit, als der Staat nicht aktiv in die Märkte eingriff, relativ lang.

In der heutigen Zeit, in der staatliche Eingriffe in den Markt durch die Geldpolitik alltäglich geworden sind, werden die Konjunkturzyklen jedoch immer kürzer.

Neben der Zinspolitik ist die Offenmarktmanipulation ein gängiges Mittel der Zentralbanken, um die Geldmenge durch den Kauf und Verkauf von Staatsanleihen auf dem Sekundärmarkt zu steuern.

Da die Finanzinstitute, einschließlich der Banken, die wichtigsten Händler auf dem Sekundärmarkt für Staatsanleihen sind, beeinflussen Offenmarktgeschäfte die Geldmenge im privaten Sektor, indem sie die Geldmenge der Finanzinstitute anpassen.

Im Gegensatz dazu argumentieren Ökonomen, die die Moderne Geldtheorie (MMT) vertreten, dass die Zentralbanken direkt in den Primärmarkt eingreifen sollten.

Kritiker der MMT argumentieren, dass die Ausgabe von Staatsanleihen im Rahmen der MMT zu einem Anstieg des Angebots an Staatsanleihen, einem Rückgang des Preises von Staatsanleihen und einem Anstieg der Renditen bzw. Zinssätze von Staatsanleihen führt.

Dieser Anstieg der Zinssätze wurde als Hauptargument gegen die MMT angeführt, weil er die Wirksamkeit der Finanzpolitik zur Ankurbelung einer schwachen Wirtschaft zunichte macht. Als Beispiel für dieses Phänomen wird die expansive Finanzpolitik Japans nach dem Platzen der Blase angeführt, die zu einem Rückgang des Immobilienmarktes und dem Zusammenbruch von Finanzinstituten führte.

Als Antwort auf diese Widerlegung argumentieren die MMT-Befürworter, dass die Regierungen das von der Zentralbank aufgrund ihrer Emissionsbefugnis ausgegebene Geld direkt vom Emissionsmarkt und nicht vom Sekundärmarkt erhalten sollten, um ihren geplanten Haushalt auszuführen.

Auf diese Weise, so argumentieren sie, würde die Zentralbank bei der Emission von Staatsanleihen diese direkt und in vollem Umfang zeichnen, was den Emissionsprozess verkürzen und die Zeit beschleunigen würde, in der sich die Währung durch einen schnelleren Haushaltsvollzug auf den privaten Sektor auswirkt.

Diese direkte Beteiligung der Zentralbank am Markt für Staatsanleihen wird als "Monetarisierung der Schulden" bezeichnet.

Eine Zentralbank kann es jedoch vorziehen, auf dem Markt für Staatsanleihen mit indirekten Mitteln wie Offenmarktgeschäften oder quantitativer Lockerung zu intervenieren, anstatt dem Staat durch den direkten Ankauf von Staatsanleihen Mittel zur Verfügung zu stellen, und zwar aus den folgenden Gründen.

Erstens können direkte Geschäfte einer Regierung mit der Zentralbank auf dem Markt für Staatsanleihen Bedenken hinsichtlich der Unabhängigkeit der Zentralbank wecken und einen Inflationsdruck in der Realwirtschaft erzeugen.

Andererseits sind wir der Meinung, dass indirekte Interventionsmethoden zur Beeinflussung der Zinssätze und zur Bereitstellung von Liquidität für das Finanzsystem eingesetzt werden können, ohne die gleichen Risiken zu verursachen.

Zweitens können sie von den Finanzmärkten als Zeichen einer fiskalischen Dominanz angesehen werden, bei der die Regierung die Geldpolitik steuert, um fiskalische Bedürfnisse zu befriedigen, was die Glaubwürdigkeit und Unabhängigkeit der Zentralbank untergraben kann, die für die Gewährleistung von Preisstabilität und Finanzstabilität wichtig ist.

Drittens kann sie als kurzfristige Lösung für fiskalische Probleme angesehen werden und lässt viel Spielraum für Missbrauch durch die Regierungen.

Aus diesen Gründen ist es üblich, dass die Zentralbanken Staatsanleihen auf dem Sekundärmarkt und nicht auf dem Primärmarkt handeln.

Der wichtigste geldpolitische Unterschied zwischen QE und MMT besteht darin, ob diese Zentralbanken Staatsanleihen auf dem Sekundär- oder Primärmarkt kaufen.

Während die zeitgenössische Geldtheorie in Bezug auf QE und MMT geteilter Meinung ist, werden Maßnahmen wie MMT nur für Länder wie die Vereinigten Staaten und Japan als praktikabel angesehen, die den Status einer Reservewährung haben und ihre Währung ins Ausland exportieren können, da sie die Nebenwirkungen der durch die monetäre Expansion verursachten Inflation minimieren können, indem sie eine ausländische Nachfrage nach ihrer Währung schaffen.

2. Das japanische Beispiel von QE und Monetarisierung von Schulden

Sowohl QE als auch die Anwendung der MMT wurden von Japan eingeführt, und der ehemalige US-Notenbankchef Bernanke studierte bekanntermaßen die japanische Wirtschaft, um die QE-Politik der USA zu lenken.

Die frühesten Beispiele für die Monetarisierung von Schulden finden sich in den 1930er Jahren bei der Bank of Japan.

In den 1930er Jahren erlebte Japan aufgrund der weltweiten Weltwirtschaftskrise und des Verlusts von Überseemärkten für seine Exporte einen wirtschaftlichen Abschwung.

Um dem entgegenzuwirken, benötigte die japanische Regierung große

Mengen an Geld, insbesondere für die militärische Expansion und den Ausbau der Infrastruktur.

Aufgrund der Rezession und der begrenzten inländischen Ersparnisse hatte die japanische Regierung jedoch Schwierigkeiten, die erforderlichen Mittel durch traditionelle Mittel wie Steuern und Kreditaufnahme aufzubringen.

Um diese Schwierigkeiten zu überwinden, entschied sich die japanische Regierung für eine direkte Finanzierung durch die Bank of Japan (BOJ), die damalige Zentralbank des Landes.

Mit Hilfe ihrer Druckmaschinen erklärte sich die BOJ bereit, das neu geschaffene Geld zum Kauf japanischer Staatsanleihen auf dem offenen Markt zu verwenden und so die Staatsschulden zu monetarisieren. Dieser Vorgang wird als "Monetarisierung von Schulden" bezeichnet.

Die Entscheidung der BOJ, die Schulden zu monetarisieren, war seinerzeit umstritten, da sie gegen den Grundsatz der Unabhängigkeit der Zentralbank verstieß und Bedenken hinsichtlich eines Inflationsdrucks aufkommen ließ. Die Regierung argumentierte jedoch, dass dies notwendig sei, um die Wirtschaft zu stützen und die nationalen Sicherheitsinteressen zu schützen.

Die Praxis der Monetarisierung von Schulden wurde in den 1930er Jahren fortgesetzt und war ein Schlüsselelement bei der Finanzierung der militärischen Expansion Japans im Vorfeld des Zweiten Weltkriegs. Nach dem Krieg führte Japan eine Reihe von Wirtschaftsreformen durch, um eine Wiederholung dieser Politik zu verhindern, darunter die Unabhängigkeit der Bank von Japan und die Beschränkung der Monetarisierung von Schulden.

Nach einer Periode spektakulären Wirtschaftswachstums verlangsamte sich Japans Wirtschaft 1985, als das Plaza-Abkommen zu einem künstlich starken Yen führte und die japanische Regierung aus Angst vor einer Rezession eine Politik der geldpolitischen Lockerung verfolgte, wodurch eine Wirtschaftsblase entstand.

Die Blase begann jedoch zu platzen, als die japanische Regierung Maßnahmen ergriff, um die Zinssätze zu erhöhen und den Einsatz von Fremdkapital im Immobiliensektor aufgrund verschiedener negativer Auswirkungen auf die Blase zu begrenzen.

In der Abwärtsspirale versuchte die japanische Regierung, die Wirtschaft durch fiskalpolitische Maßnahmen anzukurbeln, aber der Immobilienmarkt verschlechterte sich und die Finanzinstitute häuften uneinbringliche Forderungen an.

Nach dem Plaza-Abkommen von 1985 hielt die Wechselkursverschiebung zum Yen ein Jahrzehnt lang an, beseitigte aber nicht das Ungleichgewicht in der US-Zahlungsbilanz.

Die künstliche Schwächung des Yen durch die Umkehrung des Plaza-Abkommens im Jahr 1995 begann, als die Vereinigten Staaten sich darauf verlegten, die japanische Wirtschaft, die nach dem großen Erdbeben von Kobe in eine Rezession geraten war, zu stimulieren und ihre Kapitalbilanz durch höhere Zinssätze und einen stärkeren Dollar zu verbessern.

Dies half der japanischen Wirtschaft, sich wieder zu erholen, aber die asiatische Währungskrise von 1997 traf die japanischen Investoren, von denen viele im Ausland investiert hatten, hart, und die japanischen Finanzinstitute, die unter einer Häufung von Insolvenzen gelitten hatten, begannen, eines nach dem anderen zu scheitern.

Obwohl die japanische Regierung erkannte, dass die Finanzinstitute scheiterten, und Maßnahmen zu ihrer Umstrukturierung ergriff, reichte dies nicht aus, um einen Rückgang der Wirtschaft zu verhindern.

Um die Wirtschaft anzukurbeln, führte die Bank of Japan (BOJ) eine Reihe unkonventioneller geldpolitischer Maßnahmen ein, darunter die quantitative Lockerung (QE).
QE ist ein geldpolitisches Instrument, bei dem eine Zentralbank große Mengen an Staatsanleihen oder anderen Wertpapieren auf dem offenen Markt kauft,

um die Geldmenge zu erhöhen und die Wirtschaft anzukurbeln. Ziel ist es, die Zinssätze zu senken und die Kreditvergabe, die Investitionen und den Verbrauch zu steigern.

Die erste Runde der quantitativen Lockerung der BOJ begann im Jahr 2001, als sie Staatsanleihen und andere Wertpapiere von Banken kaufte, um die Geldmenge zu erhöhen. Diese Politik wurde 2006 ausgeweitet, und die BOJ erhöhte ihre Ankäufe von Staatsanleihen, um die Wirtschaft anzukurbeln und eine Deflation zu verhindern.

Die Politik war wirksam, indem sie die Liquidität im Finanzsystem erhöhte, die langfristigen Zinssätze senkte und die Kreditvergabe und Investitionen ankurbelte, aber ihre Wirksamkeit wurde durch die mangelnde Nachfrage nach Krediten und das schwindende Verbrauchervertrauen eingeschränkt.

Im Jahr 2008 weitete die BOJ ihr QE-Programm als Reaktion auf die globale Finanzkrise weiter aus, indem sie den Ankauf von Staatsanleihen und anderen Wertpapieren erhöhte und neue Maßnahmen wie den Kauf von Unternehmensanleihen und börsengehandelten Fonds (ETFs) einführte.

Als die Regierung Abe 2013 ihr Amt antrat, versprach sie, die japanische Wirtschaft mit allen Mitteln anzukurbeln - eine Politik, die als Abenomics bekannt ist.

Im Rahmen der Abenomics führte die BOJ ein neues Programm zur quantitativen Lockerung ein, das als "Quantitative and Qualitative Monetary Easing" (QQE) bekannt ist und massive Ankäufe von Vermögenswerten mit anderen Maßnahmen wie Negativzinsen und Forward Guidance für Leitzinsen kombinierte.

Diese Politik wurde von der Bank of Japan (BOJ) umgesetzt, um die Deflation zu beenden und die Wirtschaft anzukurbeln, und sie weitete ihre Käufe nicht nur auf japanische Staatsanleihen, sondern auch auf andere Vermögenswerte wie Unternehmensanleihen und börsengehandelte Fonds (ETFs) aus, um die Geldmenge zu erhöhen und das Wirtschaftswachstum anzukurbeln.

Im Zuge der quantitativen Lockerung erhöhte die BOJ den Umfang ihrer Anleihekäufe, zunächst auf 50 Billionen Yen pro Jahr, bis die Inflationsrate 2 % erreichte, und dann auf 80 Billionen Yen.

Dies geschah, um die Bemühungen der Regierung zu unterstützen, ihr Inflationsziel von 2 % zu erreichen und das Wachstum durch fiskalische Anreize zu fördern.

Die Politik der "quantitativen und qualitativen geldpolitischen Lockerung" (QQE) hat zwar die Preise von Vermögenswerten in die Höhe getrieben und die Inflationserwartungen erhöht, das Inflationsziel aber aufgrund externer Faktoren wie niedriger Ölpreise, schwacher globaler Nachfrage und einer Erhöhung der Verbrauchssteuer nicht erreicht.

Die BOJ kaufte zwischen 2013 und 2021 japanische Staatsanleihen im Gesamtwert von 636 Billionen JPY auf, und durch diese Maßnahmen stieg das Verhältnis von Vermögenswerten zum BIP bis 2020 auf über 90 %.

Die öffentlichen Ankäufe von Staatsanleihen durch die Bank of Japan haben den Preis für japanische Staatsanleihen in die Höhe getrieben, was sich entgegen dem Wunsch der japanischen Regierung nicht wesentlich auf den Geldumlauf am Markt ausgewirkt hat, da private Anleger und Geschäftsbanken Staatsanleihen gekauft haben.

Die Geschäftsbanken in Japan waren aufgrund negativer Zinssätze auf Überschussreserven in ihrer Vermögensverwaltung eingeschränkt und waren aufgrund der Vorschriften über die BIZ-Quote gezwungen, japanische Staatsanleihen, eine sichere Anlage, zu kaufen.

Die Nachfrage nach Staatsanleihen stieg jedoch durch den Kauf von Staatsanleihen durch Privatanleger und Geschäftsbanken, und der Preis von Staatsanleihen stieg, was zu niedrigeren Zinssätzen für die Ausgabe neuer Staatsanleihen führte.

Infolgedessen konnte die japanische Regierung ihren Niedrigzinskurs beibehalten und die Zinslast auf Staatsanleihen verringern.

Die Bank of Japan hat auch eine Reihe von Maßnahmen ergriffen, um im Rahmen ihrer Politik der quantitativen Lockerung Geld in den Markt zu pumpen, einschließlich des Ankaufs von börsengehandelten Fonds (ETFs) im Wert von etwa 35 Billionen Yen und Immobilieninvestmentfonds (REITs) im Wert von 1,5 Billionen Yen. Diese Maßnahmen haben dazu beigetragen, das Ziel zu erreichen, die Deflation zu beenden und das Wirtschaftswachstum anzukurbeln.

Im September 2016 führte die Bank of Japan eine zusätzliche "Yield Curve Control"-Politik (YCC) ein, um ihr Inflationsziel von 2 % zu erreichen, nach dem Vorbild der Operation Twist, einer Form der quantitativen Lockerung, die in den 1960er Jahren in den Vereinigten Staaten eingeführt wurde.

Da es bei einer Nullzinspolitik keinen Spielraum für weitere geldpolitische Maßnahmen gab, führte die Bank of Japan eine Negativzinsregelung ein und setzte den kurzfristigen Leitzins auf -0,1 % fest.

Außerdem setzte sie den Zinssatz für 10-jährige Staatsanleihen auf 0 % fest und steuerte die Renditekurve, um nicht nur die kurzfristigen, sondern auch die mittel- und langfristigen Zinssätze niedrig zu halten.

Ziel war es, die Renditekurve für japanische Staatsanleihen (JGB) stabil zu halten und die Wirtschaft durch die Kontrolle der langfristigen Zinssätze anzukurbeln.

Mit dieser Politik sollten die folgenden Ziele erreicht werden.

Erstens sollte ein stabiles und vorhersehbares Zinsumfeld geschaffen werden, um Investitionen und Konsum zu fördern. Indem die langfristigen Zinssätze niedrig gehalten wurden, sollten die Kreditkosten für Haushalte und Unternehmen gesenkt werden, um die Wirtschaftstätigkeit anzukurbeln.

Zweitens sollte die Politik die Bemühungen der Regierung unterstützen, die Wirtschaft durch die Finanzpolitik anzukurbeln. Indem die Renditen für japanische Staatsanleihen (JGB) niedrig gehalten wurden, sollten die Kreditkosten des Staates gesenkt und der Regierung geholfen werden, ihr Haushaltsdefizit zu überwinden.

Drittens war die Politik darauf ausgerichtet, das Inflationsziel der Bank of Japan von 2 % zu erreichen. Indem sie die Zinssätze niedrig hielt, förderte sie die Kreditaufnahme und die Ausgaben, was zur Steigerung der Nachfrage und zur Ankurbelung der Inflation beitragen konnte.

Diese Politik trug dazu bei, die langfristigen Zinssätze niedrig zu halten und die Renditekurve zu stabilisieren, was den Anlegern ein berechenbares Umfeld bot und die Wirtschaftstätigkeit unterstützte. Sie trug auch dazu bei, die Kreditkosten des Staates zu senken, und unterstützte die Bemühungen der Regierung um fiskalische Anreize.

Auch heute noch legt Japan Ober- und Untergrenzen für die Renditen von Staatsanleihen fest und greift auf Marktinterventionen zurück, um die Zinssätze für Staatsanleihen innerhalb einer kontrollierten Spanne anzupassen, so wie die Regierung bei einem festen Wechselkursregime auf dem Markt interveniert.

Die kurzfristigen Negativzinsen haben jedoch zu einer Verknappung der JGB auf dem Markt geführt, da die japanischen Geschäftsbanken, die mit Finanzierungsschwierigkeiten zu kämpfen haben, lieber in langfristige japanische Staatsanleihen investieren.

Die anhaltend niedrigen Zinssätze belasteten auch die Rentabilität der Banken, da die Nettozinsmargen schrumpften.

Trotz der Bemühungen der japanischen Regierung und der Bank von Japan war die japanische Wirtschaft nicht in der Lage, ihr Inflationsziel durch interne Anreize zu erreichen, abgesehen von externen Faktoren wie der Erholung nach der COVID-19-Pandemie, Unterbrechungen der Lieferkette und der Invasion in der Ukraine.

Trotz Japans strikter geldpolitischer Lockerungspolitik haben die folgenden Faktoren dazu beigetragen, dass das Inflationsziel von 2 % nur schwer erreicht werden kann.

Japan ist einer der weltweit größten Inhaber ausländischer Vermögenswerte und eine Gläubigernation, wobei die Auflösung von Yen-Carry-Trades und die Nachfrage nach japanischen Staatsanleihen als sicherer Hafen in Krisenzeiten wiederkehren.

Die Nachfrage nach Staatsanleihen war robust und hielt die Zinssätze niedrig, und die Nachfrage nach dem Yen als sicherem Hafen stieg mit jeder Krise und hielt den Wert des Yen hoch. Aufgrund des hohen Wertes des Yen war es schwierig, die Inflation zu erhöhen.

Ein weiterer wichtiger Faktor ist das seit über 20 Jahren anhaltende deflationäre Umfeld. In Japan hat eine schrumpfende und alternde Bevölkerung die inländische Konsumnachfrage und die schrumpfende Erwerbsbevölkerung verringert, was den Deflationsdruck noch verstärkt hat. Ein weiterer Faktor ist das mangelnde Vertrauen der Verbraucher und Unternehmen in die Zukunftsaussichten der Wirtschaft.

Wenn Menschen und Unternehmen trotz niedriger Zinssätze und reichlich vorhandener Liquidität im Finanzsystem zögern, Geld auszugeben und zu investieren, wird die Nachfrage nach Waren und Dienstleistungen schwach sein, was das Erreichen des Inflationsziels erschwert.
Darüber hinaus könnte das Gesetz des abnehmenden Grenzertrags die Wirksamkeit der Geldpolitik bei der Stimulierung der Wirtschaft im Laufe der Zeit verringert haben.

Mit anderen Worten: Die aggressive Geldpolitik der BOJ könnte einen Teil ihrer Wirksamkeit bei der Ankurbelung von Kreditaufnahme, Ausgaben und Investitionen verloren haben. Eine lange Periode niedriger Zinssätze verringert auch ihre Wirksamkeit, da die Menschen niedrige Zinssätze als selbstverständlich ansehen und ihre Sensibilität für Zinssenkungen nachlässt.

Schließlich gibt es in der japanischen Wirtschaft strukturelle Herausforderungen, die nicht allein durch die Geldpolitik angegangen werden können. So sind beispielsweise strenge Arbeitsmarktvorschriften, hohe Unternehmenssteuern und ein Mangel an unternehmerischer Dynamik alles Faktoren, die das Wirtschaftswachstum und die Inflation belasten können.

3. Operation Twist
Im Allgemeinen dient die Zinspolitik der Zentralbank dazu, den Geschäftsbanken Liquidität zur Verfügung zu stellen, indem der Leitzins

gesenkt wird, wenn die Liquidität auf dem Markt aufgrund einer Finanzkrise erschöpft ist und nicht ausreicht.

Da es sich bei dem Leitzins jedoch um einen kurzfristigen Zinssatz handelt, bewirkt er eine Verbesserung der Liquidität durch die Bereitstellung kurzfristiger Liquidität, doch die Auswirkungen auf die langfristigen Zinssätze können einige Zeit in Anspruch nehmen.

Im Falle Koreas war der Benchmark-Zinssatz der BOK bis Februar 2008 der Tagesgeldsatz, aber seitdem verwendet sie den 7-Tage-Satz für Wasser-Repo-Geschäfte (RP) als Benchmark-Zinsindikator.

Zur Anpassung des langfristigen Zinssatzes greift die Zentralbank daher auf Offenmarktgeschäfte zurück, um auf dem Sekundärmarkt für langfristige Staats- oder Unternehmensanleihen zu intervenieren und langfristige Anleihen zu kaufen.

Wenn die Zentralbank langfristige Anleihen auf dem Sekundärmarkt kauft, steigt die Nachfrage nach langfristigen Anleihen und sinkt das Angebot an langfristigen Anleihen, wodurch der Preis langfristiger Anleihen steigt und neu ausgegebene langfristige Anleihen zu niedrigeren Zinssätzen ausgegeben werden können, wodurch die Rendite langfristiger Anleihen bzw. die langfristigen Zinssätze sinken.

Wenn die Zentralbank die Zinssätze senkt, sinken die kurzfristigen Zinssätze schnell, während die langfristigen Zinssätze nur langsam sinken, so dass sich die Rentabilität der Geschäftsbanken verbessert, wenn sie kurzfristige Mittel für langfristige Geschäfte verwenden, da sich ihre Einlagenmargen erhöhen.

Darüber hinaus sind die langfristigen Zinssätze an Immobilienhypotheken gekoppelt, bei denen es sich um langfristige Kredite handelt, und beeinflussen den Immobilienmarkt.

Während der Weltwirtschaftskrise 2008 setzte die US-Notenbank (Federal Reserve Bank, FRB) die so genannte "Operation Twist" ein, um einen Rückgang der langfristigen Zinssätze zusammen mit einer quantitativen Lockerung zu bewirken und den Immobilienmarkt zu stimulieren.
Die "Operation Twist" war ein geldpolitisches Instrument, das die US-Notenbank in den 1960er Jahren einsetzte, um die Form der Zinskurve zu beeinflussen und das Wirtschaftswachstum anzukurbeln.

Anfang der 1960er Jahre senkte die US-Notenbank ihren Leitzins, um die seit

Ende der 1950er Jahre stagnierende Wirtschaft anzukurbeln, was zu einem Rückgang der kurzfristigen Zinssätze führte. Aufgrund der anhaltenden Inflation rechnete der Markt jedoch mit einer Inflation, und der Rückgang der langfristigen Zinssätze verlief langsamer.

Darüber hinaus war die US-Wirtschaft in den frühen 1960er Jahren durch zwei unterschiedliche Märkte gekennzeichnet: den kurzfristigen Geldmarkt und den langfristigen Anleihemarkt.

Banken und andere Finanzinstitute konzentrierten sich traditionell auf die Kreditvergabe auf dem kurzfristigen Geldmarkt, wo die Zinssätze durch die Politik der FRB bestimmt wurden. Die Zinssätze auf dem Markt für langfristige Anleihen wurden als außerhalb des Einflussbereichs der FRB liegend angesehen.

Die FRB war der Ansicht, dass hohe langfristige Zinssätze das US-Wirtschaftswachstum behinderten, da sie die Nachfrage nach Krediten von Privatpersonen und Unternehmen reduzierten.

Es ist normal, dass die langfristigen Zinssätze aufgrund der Liquiditätsprämie, die für den Verzicht auf Liquidität gezahlt wird, und des Ausgleichs für die Inflation höher sind als die kurzfristigen Zinssätze.

Langfristige Zinssätze sind jedoch mit langfristigen Krediten verbunden, wie z. B. immobilienbezogenen Krediten und Unternehmensfinanzierungen, und eine Senkung der langfristigen Zinssätze hatte den Effekt, die Immobilienwirtschaft zu stimulieren und Unternehmensinvestitionen zu fördern.

Zu diesem Zweck hat die FRB die Strategie verfolgt, kurzfristige Staatsanleihen auf dem Sekundärmarkt zu verkaufen und die Erlöse zum Kauf langfristiger Staatsanleihen zu verwenden, was als Operation Twist bekannt ist.

Der Verkauf von kurzfristigen Staatsanleihen führt dazu, dass der Preis der kurzfristigen Staatsanleihen fällt und der kurzfristige Zinssatz, die Rendite der kurzfristigen Staatsanleihen, steigt.

Wenn Sie beispielsweise eine 6-monatige Schatzanleihe mit einem Kapitalbetrag von 10.000 $ und einem Kupon von 6 % kaufen, erhalten Sie in 6 Monaten einen Betrag von 10.300 $, wobei keine Steuern oder sonstigen Kosten anfallen.

Wenn diese Anleihe gestern für 10.000 $ verkauft wurde und heute aufgrund der Marktintervention der FRB für 9.500 $ verkauft wird, wird die Rendite der 10.300 $ Anleihe in sechs Monaten mehr als 6 % betragen, so dass der Rückgang des Anleihepreises zu einem Anstieg des Zinssatzes führen wird.

Nach derselben Logik erhöht die FRB, wenn sie am Sekundärmarkt interveniert, um langfristige Staatsanleihen zu kaufen, die Nachfrage nach langfristigen Staatsanleihen, wodurch der Preis langfristiger Staatsanleihen steigt, was die Rendite langfristiger Staatsanleihen senkt, wodurch die langfristigen Zinssätze sinken.

Steigende kurzfristige Zinssätze und sinkende langfristige Zinssätze bewirken eine Verringerung der Spanne, d. h. der Differenz zwischen den kurzfristigen und den langfristigen Zinssätzen, was zu einer Verflachung der kurz- und langfristigen Renditekurven führt.

Im Jahr 1961 betrug die Differenz zwischen den 3-Monats- und 10-Jahres-Treasury-Renditen etwa 2,5 %, aber Ende 1962, nach der Operation Twist, hatte sich die Differenz auf etwa 1 % verringert.

Die Auswirkungen der Operation Twist auf die Wirtschaft waren unterschiedlich. Einerseits trug die Senkung der langfristigen Zinssätze zur Ankurbelung des Wirtschaftswachstums bei, indem sie die Kreditaufnahme und die Investitionen förderte. Andererseits hatte diese Politik auch unbeabsichtigte Folgen, wie etwa den Anstieg der Inflation Mitte der 1960er Jahre.

Die Operation Twist war eine wichtige Innovation in der Geldpolitik, weil sie die Fähigkeit der FRB demonstrierte, die langfristigen Zinssätze durch Offenmarktgeschäfte zu beeinflussen.

Die US-FRB hatte diese Strategie in den 1960er Jahren bereits zweimal angewandt.

Das erste Mal geschah dies 1961, als die US-Wirtschaft nur langsam wuchs und die Arbeitslosigkeit hoch war. Die FRB verkaufte kurzfristige Staatsanleihen im Wert von 1 Milliarde Dollar und nutzte den Erlös, um langfristige Schatzwechsel und Anleihen zu kaufen, was zu einer Senkung der langfristigen Zinssätze um 0,15 % führte.

Das zweite Mal wurde diese Strategie 1965 angewandt. Die FRB verkaufte kurzfristige Staatsanleihen im Wert von 4 Mrd. $ und verwendete den Erlös zum Kauf langfristiger Staatsanleihen.

Dies führte zu einer Senkung der langfristigen Zinssätze um 0,4 % und war erfolgreich bei der Ankurbelung des Wirtschaftswachstums und der Senkung der Arbeitslosigkeit in einer Phase des wirtschaftlichen Abschwungs.

Nach zwei Runden der quantitativen Lockerung im Zuge der globalen Finanzkrise von 2008 führte die FRB die Operation Twist als Instrument zur Senkung der langfristigen Zinssätze und zur Ankurbelung des Wirtschaftswachstums wieder ein, obwohl eine weitere quantitative Lockerung notwendig war und der Kongress aufgrund von Inflationsängsten dagegen war.

Die durch Subprime-Hypotheken ausgelöste weltweite Finanzkrise hatte zu einem Abschwung auf dem Immobilienmarkt geführt, und die FRB hoffte, durch eine Senkung der langfristigen Zinssätze die Kosten der an die langfristigen Zinssätze gebundenen Fremdfinanzierung auf dem Immobilienmarkt zu verringern.

Die FRB kündigte die Wiedereinführung ihrer Operation Twist-Strategie erstmals im September 2011 an und versprach, in den nächsten neun Monaten langfristige Staatsanleihen im Wert von 400 Milliarden US-Dollar zu kaufen und gleichzeitig kurzfristige Staatsanleihen in gleicher Höhe zu verkaufen.

Die Käufe langfristiger Staatsanleihen durch die FRB zielten auf US-Schatzpapiere mit Laufzeiten zwischen sechs und 30 Jahren ab.

Die Federal Reserve kaufte in großem Umfang langfristige US-Staatsanleihen und hypothekarisch gesicherte Wertpapiere, um die langfristigen Zinssätze zu drücken.

Als das Programm im Dezember 2012 endete, hatte die Fed US-Staatsanleihen im Wert von 667 Milliarden Dollar gekauft, und der Zinssatz für die 10-jährige Treasury Note war von 2,00 % auf 1,70 % gefallen.

Diese Käufe trugen zur Senkung der Hypothekenzinsen und anderer langfristiger Kreditkosten bei, was die Ausgaben der Haushalte und die Investitionstätigkeit der Unternehmen förderte.

Im Jahr 2013 kam die Abe-Regierung in Japan an die Macht und führte die sogenannte Abenomics-Politik ein, die darauf abzielte, die Wirtschaft durch das Erreichen eines Inflationsziels von mindestens 2 % und die Wiederbelebung der Wirtschaft mit allen Mitteln zu stimulieren.

Die Bank of Japan (BOJ), Japans Zentralbank, kündigte die "Operation Twist", eine Form der quantitativen Lockerung in den USA, als eine Politik namens "Yield Curve Control" (YCC) an.

Japans Yield Curve Control (YCC) Politik, die von der Bank of Japan (BOJ) im Jahr 2016 eingeführt wurde, wurde von der Operation Twist Strategie beeinflusst.

Die YCC-Politik zielte darauf ab, die Renditekurve zu steuern, indem ein Zielwert für die Rendite 10-jähriger japanischer Staatsanleihen (JGB) von etwa 0 % festgelegt wurde, und die BOJ kaufte oder verkaufte JGB, um die 10-jährige JGB-Rendite in der Nähe des Zielwerts zu halten.

Während es Ähnlichkeiten zwischen Japans YCC-Politik und der von der US-Notenbank in den 1960er Jahren angewandten Operation Twist-Strategie gibt, gibt es auch wichtige Unterschiede in den spezifischen Zielen, Vorgaben und der Umsetzung der beiden Strategien.

Während es sich bei der Operation Twist um eine Strategie handelt, bei der kurzfristige Anleihen verkauft und langfristige Anleihen gekauft werden, wird bei der YCC-Politik ein Renditeziel für eine bestimmte Anleihe festgelegt und Anleihen gekauft oder verkauft, um dieses Ziel zu erreichen.
Während die Operation Twist eine kurzfristige politische Reaktion auf bestimmte wirtschaftliche Bedingungen ist, ist die YCC-Politik eine langfristige Politik, die seit 2016 in Kraft ist und darauf abzielt, die Inflationsrate der Bank of Japan von 2 % zu erreichen.

4. Quantitative Lockerung (QE)
Quantitative Lockerung (QE) ist ein unkonventionelles geldpolitisches Instrument, das von Zentralbanken eingesetzt wird, um die Wirtschaft anzukurbeln, wenn herkömmliche politische Instrumente wie Zinsanpassungen ihre Wirksamkeit verloren haben.
Es wurde erstmals von der Bank of Japan in den frühen 2000er Jahren eingesetzt und fand während der globalen Finanzkrise 2008-09 breite Anwendung.

Definition
QE ist der Prozess, bei dem eine Zentralbank einer Volkswirtschaft Liquidität zuführt, indem sie Vermögenswerte, in der Regel Staatsanleihen, von Banken und anderen Finanzinstituten auf dem Sekundärmarkt kauft.
Ziel dieses Prozesses ist es, das Geldangebot im Umlauf zu erhöhen, wodurch es für Unternehmen und Privatpersonen einfacher wird, Kredite aufzunehmen und Geld auszugeben, was das Wirtschaftswachstum ankurbelt und die Inflation erhöht.

Wie QE funktioniert und welche Auswirkungen es hat
Der QE-Prozess umfasst im Allgemeinen drei Hauptschritte.
Zunächst kündigt die Zentralbank ihre Absicht an, Vermögenswerte zu kaufen, und signalisiert damit ihre Bereitschaft, dem Markt Liquidität zuzuführen.
Zweitens kauft die Zentralbank Vermögenswerte, in der Regel Staatsanleihen, von Banken und anderen Finanzinstituten, um die Geldmenge zu erhöhen.
Drittens verwenden die Banken und Finanzinstitute die von der Zentralbank erhaltenen Mittel, um Kredite an Unternehmen und Privatpersonen zu vergeben und so die Wirtschaftstätigkeit anzukurbeln.

In den Vereinigten Staaten führte die FRB zwischen 2008 und 2014 drei Runden von QE durch und kaufte dabei Vermögenswerte im Wert von insgesamt 4,5 Billionen US-Dollar. Diese Erhöhung der Geldmenge trug zur

Ankurbelung des Wirtschaftswachstums bei.

Auch Japan hat in den letzten Jahren ein umfangreiches QE-Programm durchgeführt, um die Deflation zu bekämpfen und das Wirtschaftswachstum anzukurbeln.

Die Bank of Japan kauft seit 2013 Vermögenswerte wie Staatsanleihen, und diese Erhöhung der Geldmenge hat dem Land geholfen, die Deflation zu bekämpfen.

Kritiker von QE argumentieren, dass es zu Inflation und Vermögensblasen führen kann, da eine Erhöhung der Geldmenge zu einem Nachfrageüberschuss und höheren Preisen führen kann.

Die Befürworter hingegen argumentieren, dass QE ein wichtiges Instrument für die Zentralbanken in wirtschaftlich schwierigen Zeiten ist und dass die Risiken durch eine sorgfältige Umsetzung und Überwachung beherrscht werden können.

5. Moderne Geldtheorie (MMT)

Die moderne Geldtheorie (Modern Monetary Theory, MMT) ist eine Wirtschaftstheorie, die in den letzten Jahren nach der globalen Finanzkrise von 2008-09 an Popularität gewonnen hat. Sie wurde von einer Gruppe von Wirtschaftswissenschaftlern, darunter Stephanie Kelton, Warren Mosler und L. Randall Ray, propagiert, die die traditionellen Ansichten über Staatsfinanzen und Schulden in Frage stellen wollten.

Definition.

Die MMT argumentiert im Wesentlichen, dass einer Regierung, die ihre eigene Währung ausgibt, nie das Geld ausgehen kann und dass ihre Ausgaben nicht durch Steuern oder Kreditaufnahme begrenzt sind.

Mit anderen Worten: Die Regierung kann nach Belieben Geld drucken, um ihre Ausgaben zu finanzieren, ohne sich dabei auf Steuereinnahmen oder den Verkauf von Anleihen zu verlassen, um ihre Aktivitäten zu finanzieren.

Mittel

Nach der MMT kann eine Regierung neues Geld durch Defizitfinanzierung schaffen, d. h. durch die Differenz zwischen den Ausgaben und den Steuereinnahmen der Regierung.

Wenn eine Regierung mehr Geld ausgibt als sie an Steuern einnimmt, entsteht ein Defizit, das der Wirtschaft neues Geld zuführt.

Dies wiederum schafft Arbeitsplätze und regt die Wirtschaftstätigkeit an.

Die MMT argumentiert, dass Defizitausgaben nicht per se schlecht sind und zur Erreichung wichtiger politischer Ziele wie Vollbeschäftigung, stabile

Preise und Wirtschaftswachstum eingesetzt werden können.

Beispiele

Eines der bekanntesten Beispiele für die MMT ist Japan, das seit Jahrzehnten hohe Haushaltsdefizite aufweist und dessen Schuldenquote im Verhältnis zum BIP derzeit rund 240 % beträgt, die höchste in der entwickelten Welt.

Nach der traditionellen Wirtschaftstheorie müsste Japan mit einer hohen Inflation und hohen Zinssätzen konfrontiert sein und seine Wirtschaft müsste sich abmühen, aber Japan hat jahrelang eine niedrige Inflation und niedrige Zinssätze erlebt, und seine Wirtschaft war stabil.

Daher verweisen die Befürworter der MMT auf Japan als Beispiel dafür, wie eine Regierung, die ihre eigene Währung ausgibt, diese nutzen kann, um ihre politischen Ziele durch Defizitfinanzierung zu erreichen, ohne mit den Finanzierungsbeschränkungen der Haushalte oder Unternehmen konfrontiert zu werden.

Im Falle Japans konnte die Regierung ihre Ausgaben durch die Ausgabe von Anleihen finanzieren, die größtenteils von inländischen Anlegern gekauft wurden.

Dies hielt die Zinssätze niedrig und ermöglichte es der Regierung, ihre Defizitausgaben fortzusetzen, ohne in eine Schuldenkrise zu geraten.

Japan zog die auf der MMT-Theorie basierende Fiskalpolitik auch deshalb der Geldpolitik vor, weil sie eher den Absichten der japanischen Beamten entsprach, die der Meinung waren, dass die Fiskalpolitik eine einfache, direkte Wirkung habe und leichter zu verstehen sei als die Geldpolitik, die aufgrund politischer Faktoren wie Eigeninteressen im Finanzministerium schwieriger sei und längere Auswirkungen habe.

Kritiker der MMT argumentieren, dass die Theorie zu simpel sei und die potenziellen Risiken von Defizitausgaben, wie Inflation und Vertrauensverlust in die Währung, nicht berücksichtige.

Die Befürworter der MMT argumentieren jedoch, dass diese Risiken durch Besteuerung und die Emission von Anleihen beherrscht werden können und dass die Inflation kontrolliert werden kann, wenn die Währung durch die Auslandsnachfrage exportiert werden kann.

Die MMT stellt die traditionellen Ansichten über Staatsfinanzen und Schulden in Frage und argumentiert, dass einer Regierung, die ihre eigene Währung ausgibt, nie das Geld ausgehen kann und dass Defizitausgaben zur Erreichung wichtiger politischer Ziele genutzt werden können.

Es bleibt jedoch abzuwarten, ob dieses Konzept auch außerhalb der Länder funktioniert, die über die wirtschaftliche Macht verfügen, ihre eigene Währung auszugeben, wie die Vereinigten Staaten und Japan.

6. Unterschiede im Einsatz geldpolitischer Instrumente zwischen QE und MMT

Die moderne Geldtheorie (MMT) und geldpolitische Instrumente wie quantitative Lockerung, Offenmarktgeschäfte, Diskontsatzpolitik und Zinspolitik dienen der Steuerung der Geldmenge und der Wirtschaft eines Landes, unterscheiden sich jedoch in Ansatz und Zweck.

Quantitative Lockerung (QE)

QE ist eine Geldpolitik, bei der eine Zentralbank Geld in das Finanzsystem einspeist, um die Wirtschaft anzukurbeln.

In der Regel kauft die Zentralbank Staatsanleihen oder andere Wertpapiere von Banken, und die Banken, die die Liquidität erhalten, stellen mehr Liquidität bereit, indem sie Kredite an Unternehmen und Privatpersonen vergeben.

Ziel ist es, die Zinssätze zu senken, um die Kreditaufnahme und die Investitionen zu erhöhen und das Wirtschaftswachstum anzukurbeln, und QE ist ein gängiges Instrument zur Bekämpfung von Deflation oder Rezession.

Im Gegensatz dazu stützt sich die MMT nicht auf QE, um die Wirtschaft anzukurbeln, sondern argumentiert, dass Regierungen Geld schaffen können, um Ausgaben zu finanzieren, ohne Inflation zu verursachen.

Sie argumentiert, dass die Regierungen nicht gezwungen sind, sich Geld zu leihen, weil sie einfach neue Währung schaffen können, um ihre Ausgaben zu finanzieren.

Dieser Ansatz beruht auf der Überzeugung, dass die Geldmenge nicht festgelegt ist und dass die Regierung die Macht hat, nach Belieben Geld zu schaffen oder zu vernichten.

Offenmarktgeschäfte (OMO)

Bei der Politik der Offenmarktgeschäfte (OMO) kauft und verkauft eine Zentralbank Staatsanleihen oder andere Wertpapiere auf dem offenen Markt, was sich auf die Liquiditätsversorgung auswirkt.

Wenn eine Zentralbank Wertpapiere kauft, erhöht sie die Geldmenge, und wenn sie Wertpapiere verkauft, verringert sie die Geldmenge. Die operativen Ziele der Politik der Offenmarktmanipulation sind die Aufrechterhaltung stabiler Preise, die Förderung der Vollbeschäftigung und die Stabilisierung der Wirtschaft.

Auch MMT erkennt den Einsatz von Maßnahmen zur Offenmarktmanipulation an, vertritt jedoch die Auffassung, dass sie für Staatsausgaben unnötig sind.

MMT argumentiert, dass die Zentralbank auf dem Markt für Staatsanleihen bessere monetäre Spillover-Effekte erzielen kann, indem sie den Prozess und die Zeit durch direkte Ankäufe verkürzt.

Diskontsatzpolitik

Der Diskontsatz ist der Satz, zu dem sich Banken bei der Zentralbank Geld leihen. Durch eine Änderung des Diskontsatzes kann die Zentralbank die Kreditkosten und die Geldmenge beeinflussen.

Wenn der Diskontsatz niedrig ist, ist die Kreditaufnahme billiger und es steht mehr Geld für die Kreditvergabe zur Verfügung, was die Wirtschaft ankurbeln kann.

Die MMT konzentriert sich nicht auf die Zinssätze als Instrument zur Steuerung der Wirtschaft. Stattdessen betont sie die Rolle der Staatsausgaben bei der Schaffung von Arbeitsplätzen und der Ankurbelung der Wirtschaftstätigkeit.

MMT argumentiert, dass Regierungen direkt Arbeitsplätze schaffen können, anstatt sich auf den privaten Sektor zu verlassen, um sicherzustellen, dass jeder, der einen Arbeitsplatz will, auch einen bekommt.

Zinspolitik
Die Zinspolitik bezieht sich auf die Festsetzung der Zinssätze durch die Zentralbanken, um das Angebot und die Nachfrage nach Krediten in einer Volkswirtschaft zu beeinflussen.
Niedrigere Zinssätze können das Wirtschaftswachstum anregen, indem sie die Kreditaufnahme und Investitionen fördern. Umgekehrt können höhere Zinssätze die Kreditaufnahme und Investitionen erschweren und die Inflation eindämmen.

Die MMT verfolgt einen anderen Ansatz in Bezug auf die Zinssätze und argumentiert, dass sie nicht die Hauptantriebskraft der Wirtschaftstätigkeit sind.
Stattdessen argumentiert die MMT, dass die Staatsausgaben der Schlüssel zur Aufrechterhaltung der Vollbeschäftigung und stabiler Preise sind. Die Zinssätze werden als ein Instrument zur Steuerung der Kreditkosten betrachtet, nicht als primärer Mechanismus zur Kontrolle der Inflation oder zur Förderung des Wachstums.

MMT und traditionelle geldpolitische Maßnahmen unterscheiden sich in ihrem Ansatz und ihren Zielen. Während sich die traditionellen geldpolitischen Instrumente auf die Steuerung der Geldmenge und der Zinssätze konzentrieren, um die Wirtschaft zu stabilisieren, betont die MMT die Rolle der staatlichen Steuerausgaben bei der Schaffung von Arbeitsplätzen und der Ankurbelung der Wirtschaftstätigkeit.

Das erste Unternehmen entsteht

Fast drei Jahrhunderte lang, vom frühen 15. bis zur Mitte des 18. Jahrhunderts, umsegelten europäische Schiffe den Globus, legten Routen fest, erkundeten und handelten - eine Zeit, die als Zeitalter der Entdeckungen bekannt ist.

Waren wie Porzellan aus China und Gewürze aus Indien waren beliebte Handelsgüter mit Renditen von mehr als 10.000 Prozent, aber die Kontrolle des Osmanischen Reichs über den Nahen Osten im 16. Jahrhundert erschwerte den Handel auf dem Landweg, so dass sich die Händler dem Seeweg zuwandten.

In dieser Zeit konkurrierten die Engländer und die Niederländer um die Seerechte, wobei die Engländer 1588 die spanische Armada besiegten und ein Seemonopol errichteten, während die Niederländer ab 1566 einen 80-jährigen Unabhängigkeitskrieg gegen Spanien wegen der Unterdrückung des Protestantismus führten.

Selbst während des Unabhängigkeitskrieges leisteten niederländische Kaufleute Pionierarbeit, unter anderem mit der Einrichtung des indonesischen Seewegs im Jahr 1595, und etablierten den Gewürzhandel, das wichtigste Handelsgut der damaligen Zeit.
Vor allem im 16. und 17. Jahrhundert dehnten die europäischen Nationen ihre Territorien aus und gründeten Kolonien in der ganzen Welt. Um diese Projekte zu finanzieren, boten sie sie privaten Investoren an und versprachen ihnen eine Beteiligung an den Gewinnen.

Diese Investoren waren in der Regel in Form von Aktiengesellschaften organisiert, die es ihnen ermöglichten, sich an den Risiken und Erträgen der Investition zu beteiligen.
Die Britische Ostindien-Kompanie (EIC) wurde 1600 gegründet, zwei Jahre vor der Niederländischen Ostindien-Kompanie (VOC, Verenig de Oostindische Compagnie), und erhielt von Königin Elisabeth I. das Handelsmonopol in Ostindien.
Allerdings gab die EIC keine Aktien an die Öffentlichkeit aus und war viel kleiner als die VOC. Anders als die VOC hatte die EIC kein Monopol auf den Handel in Asien. Dennoch spielte die EIC eine wichtige Rolle bei der Ausdehnung des britischen Empire und trug zur Kolonialisierung Indiens bei.

Die EIC finanzierte sich zunächst einmalig, indem sie jedes Mal, wenn ein Schiff in See stach, Geld aufnahm, Waren aus Übersee verkaufte und die Erlöse an die Investoren im Verhältnis zu ihrer Investition ausschüttete. Wenn das Schiff nicht wohlbehalten zurückkehrte, würde es ohne Dividende vernichtet werden.

Diese Investitionsstruktur war risikoreich und erschwerte den Fortbestand des Unternehmens. Die Niederländische Ostindien-Kompanie, bekannt als Verenig de Oostindische Compagnie (VOC), wurde 1602 in den Niederlanden gegründet und war das erste Unternehmen, das Aktien an die Allgemeinheit ausgab, und sie wuchs schnell zur größten Handelsgesellschaft der Welt heran.

Die VOC erkannte, dass sie mit der gleichen Finanzierungsstruktur wie die EIC nicht überleben konnte. Sie suchte nach Möglichkeiten, das Risiko zu streuen und den Anlegern zu ermöglichen, weniger Geld zu investieren, was zur Entwicklung der Aktie führte.

Im Jahr 1606 gab die Niederländische Ostindien-Kompanie (VOC) Aktienquittungen aus, die belegten, wie viel ein Anleger in das Unternehmen investiert hatte, woraus sich der Aktienbesitz entwickelte. Die VOC monopolisierte den Handel zwischen den Niederlanden und Asien und beherrschte den Gewürzhandel im 17. und 18.

Jahrhundert. Die Gesellschaft erhielt von der niederländischen Regierung weitreichende Befugnisse, um Kriege zu führen, Verträge auszuhandeln und

Kolonien zu gründen.

Der Unterschied zwischen den beiden Unternehmen liegt im politischen und wirtschaftlichen Kontext, in dem sie gegründet wurden. Die Niederlande waren eine Republik, was bedeutete, dass die Macht dezentralisiert war, und es gab eine Tradition des Unternehmertums und des Handels.

Außerdem gab es in dem neuen unabhängigen Land keine feudale Aristokratie wie in Spanien, sondern nur einen geringen Prozentsatz von Aristokraten und eine große Zahl von Kaufleuten, die im Überseehandel tätig waren, wodurch eine auf dem Merkantilismus basierende Unternehmenskultur entstand.

Dies ermöglichte die Entstehung kreativer Institutionen wie der Aktiengesellschaften.

Im Gegensatz dazu war England eine Monarchie mit einer stärker zentralisierten Regierung und einem weniger entwickelten Handelssektor.

Während die niederländische Regierung die VOCs unterstützte und ihnen beträchtliche Befugnisse einräumte, war die englische Regierung bei der Ermächtigung privater Unternehmen zurückhaltender.

Im Jahr 1609 wurde der Verkauf von Aktien an andere Investoren genehmigt, und in Amsterdam wurde die erste Börse eingerichtet, um den Handel mit VOC-Aktien zu erleichtern.

Siebzehn der VOC-Investoren, darunter der Gründer Dirk Vass, machten Berichten zufolge mehr als das 80-fache ihres Einsatzes. Während der Tulpenmanie, vor allem in den Niederlanden, stiegen und fielen die VOC-Aktien mit dem Preis der Tulpen.

Während die Tulpen jedoch im Verhältnis zu ihrem inneren Wert überteuert waren und abstürzten, um ihren Höchstpreis nie wieder zu erreichen, blieben die VOC-Aktien auch nach dem Platzen der Tulpenblase stabil und bescherten den Anlegern stetige Gewinne und Dividenden.

Die Börse ermöglichte es den Anlegern, Aktien des Unternehmens zu kaufen und zu verkaufen, was der Aktie Liquidität verlieh und zur Steigerung ihres Wertes beitrug.

Der Erfolg der VOC und die Einrichtung der Börse trugen zur Entwicklung von Amsterdam als Finanzzentrum bei.

Im späten 18. Jahrhundert jedoch, als die VOC intern zu zerfallen begann und die Niederlande aufgrund der Konkurrenz durch andere europäische Mächte ihre Katastrophenrechte zu verlieren begannen, begann der Niedergang der VOC aufgrund sinkender Gewinne.

Schließlich wurde die VOC im Jahr 1800 aufgelöst, womit ihr langes Leben von

200 Jahren endete.

In den Vereinigten Staaten entstanden im späten 18. und frühen 19. Jahrhundert Banken und Transportunternehmen als Kapitalgesellschaften. Der Aufstieg der Unternehmen war weitgehend auf das Wirtschaftswachstum der Vereinigten Staaten und den Bedarf an Finanz- und Transportinfrastrukturen zurückzuführen, wobei Banken und Transportunternehmen zuerst entstanden, weil sie für die Expansion von Handel und Gewerbe notwendig waren.

Doch erst im späten 19. Jahrhundert wurde in den Vereinigten Staaten ein rechtlicher Rahmen für Kapitalgesellschaften geschaffen. Dieser Rechtsrahmen bot Unternehmen eine beschränkte Haftung und anderen rechtlichen Schutz, so dass Unternehmer ihre Unternehmen ohne Angst vor dem persönlichen finanziellen Ruin gründen und ausbauen konnten. Eines der wichtigsten Gesetze, das Unternehmen eine beschränkte Haftung und anderen rechtlichen Schutz gewährte, war der Limited Liability Act von 1855.

Dieses Gesetz ermöglichte die Gründung von Gesellschaften mit beschränkter Haftung (LLCs). LLCs gewährten ihren Eigentümern eine beschränkte Haftung, was bedeutet, dass die Eigentümer nur bis zur Höhe ihrer Einlage für die Schulden des Unternehmens hafteten. Dieser Schutz ermöglichte es den Unternehmern, Risiken einzugehen, ohne ihr persönliches Vermögen aufs Spiel zu setzen. Ein weiteres wichtiges Gesetz, das Unternehmen rechtlich schützte, war das Sherman-Kartellgesetz von 1890. Es diente der Verhinderung von Monopolen und der Förderung des Wettbewerbs auf dem Markt.

Es verbot bestimmte Geschäftspraktiken wie Preisabsprachen und Vereinbarungen zur Aufteilung der Märkte zwischen Wettbewerbern. Der Securities Act von 1933 und der Securities Exchange Act von 1934 spielten ebenfalls eine wichtige Rolle bei der Schaffung von rechtlichen Schutzmaßnahmen für Unternehmen. Diese Gesetze verpflichteten die Unternehmen zur Offenlegung bestimmter Finanzinformationen gegenüber den Anlegern und sahen weitere Schutzmaßnahmen vor, z. B. das Recht, bei Wertpapierbetrug zu klagen.

Die erste Aktiengesellschaft in Korea war die 1896 gegründete Chosun Bank (geschlossen 1901). Es folgten die Gründung der Bukhara Railroad Company im Jahr 1898, der Korea Cheon Il Bank und der Korea Railroad Company im Jahr 1899 sowie weiterer Finanzinstitute wie der Hansung Agricultural and Industrial Bank im Jahr 1906 und der Dongyang Chuksik Corporation im Jahr 1908.

Die Währung und der Goldstandard

Das Konzept des Geldes geht auf alte Zivilisationen wie Mesopotamien und Ägypten zurück, wo die Menschen Rohstoffe wie Gold und Silber als Tauschmittel verwendeten.

Im Laufe der Zeit, als die Gesellschaften immer komplexer wurden, versuchte man, die Währung zu standardisieren, und die Regierungen begannen, Papiergeld herauszugeben, das durch Edelmetalle wie Gold und Silber gedeckt war.

Die für Handel und Gewerbe verwendete Währung wurde jedoch durch verschiedene Gegenstände ersetzt. Ein Beispiel dafür ist die Verwendung von Salz als Zahlungsmittel.

In der Antike war Salz ein sehr wertvolles Gut, da es nicht nur zum Würzen, sondern auch zum Haltbarmachen von Lebensmitteln verwendet wurde. Das Wort "Gehalt" stammt von dem lateinischen Wort salarium ab, das sich ursprünglich auf den Geldbetrag bezog, der römischen Soldaten für den Kauf von Salz gezahlt wurde.

In einigen Teilen der Welt wird Salz schon seit Jahrhunderten als Zahlungsmittel verwendet. In Westafrika wurden große Salzbarren, so genannte Amolen, als Tauschmittel verwendet, und in Tibet wurde Salz gegen Waren wie Tee und Pferde getauscht.

Ein weiteres Beispiel für die Verwendung von Waren anstelle von Geld ist das Tauschsystem. In einem Tauschsystem werden Waren oder Dienstleistungen direkt gegen andere Waren oder Dienstleistungen getauscht, ohne dass Geld verwendet wird.

Ein Bauer tauscht zum Beispiel eine Kuh gegen ein Pferd oder ein Bäcker tauscht Brot gegen Milch. Der Tauschhandel war in vielen antiken Gesellschaften üblich und wird auch heute noch in einigen Teilen der Welt praktiziert.

Ein Beispiel für die Verwendung von Metallen als Währung ist Lydien, das im heutigen Westturkestan liegt. Dort wurden um 650 v. Chr. erstmals Münzen aus Gold und Silber verwendet. Diese Münzen waren wertvoll, tragbar und standardisiert, was sie zu einem praktischen Tauschmittel machte.

Mesopotamien, im heutigen Irak, verwendete um 3.000 v. Chr. ein metrisches System, um den Handel zu erleichtern.

Sie benutzten Silberringe als eine Form der Währung, die gewogen und überprüft werden konnte.

Die alten Griechen verwendeten im Laufe der Jahrhunderte eine Vielzahl von Währungen, darunter auch Metallmünzen wie Gold-, Silber- und Bronzemünzen, die nicht nur für Handel und Gewerbe, sondern auch zur Zahlung von Steuern und anderen Schulden verwendet wurden.

Die ersten griechischen Münzen bestanden aus Elektrum (Grüngold), einer natürlichen Legierung aus Gold und Silber, und wurden um das 7. Jahrhundert v. Chr. verwendet.
Im Laufe der Zeit begannen die Griechen, Münzen mit Abbildungen von Göttern, Helden und Tieren zu prägen, die im Laufe der Jahrhunderte immer kunstvoller und detaillierter wurden.

Griechische Münzen waren im gesamten Mittelmeerraum und darüber hinaus weit verbreitet und spielten eine wichtige Rolle für das Wachstum des antiken griechischen Handels und der Wirtschaft.
Die Verwendung von Münzen ermöglichte einen effizienten Handel und wirtschaftliches Wachstum, was die kulturellen und intellektuellen Errungenschaften des antiken Griechenlands beflügelte.

Gold wurde schon früh aus vielen Gründen als Geld verwendet. Einer der Hauptgründe war, dass es ein seltenes und kostbares Metall ist, was es als Tauschmittel wertvoll und begehrt machte.
Es war auch praktisch und bequem, weil es haltbar, leicht abnehmbar und leicht zu transportieren war.

Gold korrodiert nicht und läuft nicht an, und es ist leicht identifizierbar und von anderen Metallen zu unterscheiden, was es schwer fälschbar macht. Die Seltenheit und der hohe Wert des Goldes führten dazu, dass es seinen Wert über die Zeit hinweg behielt, was es zu einem stabilen Tauschmittel machte.

Die Verwendung von Gold als Währung reicht Tausende von Jahren zurück und wurde von vielen antiken Zivilisationen verwendet, darunter die Ägypter, Griechen und Römer. In der Neuzeit wurde Gold als Standard für den internationalen Währungsumtausch verwendet, wobei der Wert anderer Währungen an den Wert des Goldes gekoppelt wurde.
Dies ist als Goldstandard bekannt, bei dem Papierwährungen gegen einen festen Goldbetrag einlösbar waren.

Der Goldstandard wurde erstmals im 19. Jahrhundert eingeführt und war bis 1971, als der amerikanische Präsident Nixon offiziell das Ende des Goldstandards verkündete, das vorherrschende Währungssystem in der Welt.

Hier ein Blick darauf, wann die wichtigsten Länder den Goldstandard eingeführt haben.

Das Vereinigte Königreich

Der Goldstandard wurde im Vereinigten Königreich erstmals 1816 aufgrund der wirtschaftlichen Instabilität und der durch die Napoleonischen Kriege verursachten Inflation eingeführt.

Das britische Pfund wurde zu einem Kurs von 4,25 Pfund pro Unze Gold an das Gold gekoppelt, und die Einführung des Goldstandards trug zur Stabilisierung der britischen Wirtschaft und zur Festigung der Position des Landes als Wirtschafts- und Finanzmacht bei.

Die Vereinigten Staaten
Nach jahrzehntelangen Debatten und Experimenten mit anderen Währungssystemen führten die Vereinigten Staaten im Jahr 1900 offiziell den Goldstandard ein.
Der Wert des US-Dollars wurde zu einem Kurs von 20,67 Dollar pro Unze Gold an das Gold gekoppelt, und der Goldstandard trug dazu bei, den US-Dollar als stabile und zuverlässige Währung zu etablieren und das Wachstum der US-Wirtschaft im frühen 20.

Deutschland
Deutschland führte den Goldstandard 1871 nach der Wiedervereinigung ein. Die Deutsche Mark wurde zu einem Kurs von 2.790 Mark pro Kilogramm Gold an das Gold gekoppelt. Die Einführung dieses Systems trug dazu bei, die deutsche Wirtschaft zu stabilisieren und Deutschland zu einer wichtigen

Wirtschaftsmacht in Europa zu machen.

Frankreich

Frankreich führte 1878 den Goldstandard ein, nachdem es jahrzehntelang mit anderen Währungssystemen experimentiert hatte. Der französische Franc wurde zu einem Kurs von 1.550 Franc pro Kilogramm Gold an das Gold gekoppelt. Der Goldstandard trug dazu bei, die französische Wirtschaft zu stabilisieren und die Position Frankreichs als wichtiges Finanzzentrum zu festigen.

Japan

Nach Jahrzehnten wirtschaftlicher und politischer Turbulenzen führte Japan 1897 den Goldstandard ein. Der japanische Yen wurde zu einem Kurs von 2,48 Pfund pro Gramm Gold an das Gold gekoppelt. Dies trug dazu bei, die japanische Wirtschaft zu stabilisieren und den Yen als stabile und zuverlässige Währung zu etablieren.

Die Befürworter des Goldstandards argumentierten, dass er ein stabiles und berechenbares Währungssystem darstellte, da der Wert einer Währung an eine feste Goldmenge gebunden war.
Dies hinderte die Regierungen daran, zu viel Geld zu drucken und eine Inflation zu verursachen.

Darüber hinaus erleichterte der Goldstandard den internationalen Handel, da die Länder ihre Währungen in der Gewissheit austauschen konnten, dass sie einen stabilen Wert behalten würden.

Der erste Goldstandard und der Währungsumtausch basierten auf einem festen Wechselkurs zwischen Gold und Papiergeld. Beim Goldstandard war der Wert des Papiergeldes direkt an den Wert des Goldes gekoppelt, was bedeutete, dass Papiergeld zu einem bestimmten Preis in eine feste Menge Gold umgetauscht werden konnte.
Wenn ein Land beispielsweise einen Goldstandard hatte und den Goldpreis auf 20 Dollar pro Unze festlegte, konnte Papiergeld auf der Grundlage dieses festen Wechselkurses in Gold umgetauscht werden. Dies bedeutete, dass die Menge des im Umlauf befindlichen Papiergeldes durch die von der Zentralbank des Landes gehaltene Menge an Gold begrenzt war.

Der Goldstandard trug dazu bei, die Stabilität und Berechenbarkeit des Geldsystems zu gewährleisten, da er einen greifbaren, allgemein anerkannten Vermögenswert zur Verfügung stellte, der den Wert des Papiergeldes stützte.

Der Goldstandard hatte jedoch auch seine Grenzen. Das Angebot an Gold war begrenzt, was bedeutete, dass auch die Geldmenge begrenzt war, was das Wirtschaftswachstum einschränken konnte. Darüber hinaus erschwerten die festen Wechselkurse des Goldstandards den Regierungen die Reaktion auf sich ändernde wirtschaftliche Bedingungen.

Der Goldstandard begann im frühen 20. Jahrhundert zu sinken und wurde von den Vereinigten Staaten 1971 offiziell aufgegeben.
Die Abschaffung des Goldstandards erfolgte schrittweise, wobei die einzelnen Länder unterschiedliche Ansätze verfolgten.
Einige Länder, wie die Vereinigten Staaten, gaben den Goldstandard schrittweise über mehrere Jahre hinweg auf, während andere, wie das Vereinigte Königreich, ihn abrupter aufgaben.

Nach den überhöhten Ausgaben im Ersten Weltkrieg gaben Großbritannien und Frankreich den Goldstandard vorübergehend auf und erhöhten den Wert ihrer Währung, um für den Krieg zu bezahlen.
Nach Kriegsende bereiteten sie sich auf die Rückkehr zum Goldstandard vor, als die geldpolitische Lockerung während des Krieges zu wirtschaftlicher Instabilität, einschließlich Inflation, führte.

Die Inflation und die Abwertung der britischen Währung, des Pfunds, führten jedoch dazu, dass der Wechselkurs von 4,86 Dollar pro Pfund überbewertet war, als Großbritannien 1925 zum Goldstandard zurückkehrte. Daher musste das Pfund aufgewertet werden, um den Goldstandard aufrechtzuerhalten.

Die britische Regierung musste die Zinssätze anheben, um das Angebot an umlaufenden Pfund zu verringern und Gold wieder ins Land zu holen.
In Zusammenarbeit mit der US-Regierung brachte sie die USA dann dazu, die Zinssätze zu senken, wodurch Gold aus den USA in das Vereinigte Königreich fließen konnte und der Wert des britischen Pfunds gegenüber dem US-Dollar anstieg.

Die britische Regierung führte außerdem Sparmaßnahmen ein, um die Staatsausgaben zu senken und den Haushalt auszugleichen. Dies geschah, um einen Zahlungsbilanzüberschuss zu erzielen, die Geldmenge im Umlauf zu verringern und der Regierung zu ermöglichen, ihre Goldreserven aufzustocken.

Das überbewertete Pfund verteuerte jedoch die britischen Exporte in anderen Ländern, was zu einem Rückgang der britischen Exporte führte, und die

Wirtschaftstätigkeit stagnierte im Zuge der schrumpfenden Geldmenge und der Großen Depression, die zu dieser Zeit weltweit herrschte.

Darüber hinaus erschwerte das damalige System fester Wechselkurse der Regierung eine unabhängige Geldpolitik, was ihre Fähigkeit einschränkte, auf veränderte wirtschaftliche Bedingungen zu reagieren. Diese Faktoren führten schließlich dazu, dass Großbritannien den Goldstandard im Jahr 1931 aufgab.

Während des Ersten Weltkriegs gab Frankreich den Goldstandard auf, weil es den Krieg finanzieren musste. Die französische Regierung musste sich viel Geld leihen, um den Krieg zu finanzieren, was zu einer Inflation und einem Wertverlust der französischen Währung, des Franc, führte.
Um das Vertrauen in den Franc wiederherzustellen und seinen Kurs zu stabilisieren, verfolgte die französische Regierung 1926 die Politik, den Franc an den Wert des Goldes zu koppeln, die so genannte Goldfrankenpolitik".

Im Rahmen dieser Politik wurde der Wechselkurs des Franc auf 0,134 Franc pro US-Dollar festgelegt, was 0,017 Gramm Gold pro Franc entspricht.

Dies bedeutete eine erhebliche Abwertung des Frankens gegenüber dem Vorkriegskurs von 0,2903 Gramm Gold pro Franken. Die Abwertung des Frankens gegenüber dem Gold betrug rund 94 %.

Mit der Politik des "Goldfrankens" gelang es, die französische Wirtschaft zu stabilisieren und das Vertrauen in den Franc wiederherzustellen. Die 94%ige Abwertung des Franc machte auch die französischen Exporte wettbewerbsfähiger, was zu einem Handelsüberschuss und zur Anhäufung von Goldreserven beitrug.

Ende 1928 waren die französischen Goldreserven auf 7,5 Milliarden Francs angewachsen, was mehr als 60 % der gesamten Goldreserven aller Zentralbanken der Welt ausmachte.
Diese Politik führte jedoch auch zu Spannungen mit anderen Ländern des internationalen Währungssystems, insbesondere mit den Vereinigten Staaten.

Die Vereinigten Staaten erlebten zu dieser Zeit einen wirtschaftlichen Aufschwung und importierten mehr als sie exportierten, was zu einem Handelsdefizit führte. Dies war bei den Vereinigten Staaten und Japan während des Plaza-Abkommens der Fall, als die Abwertung Japans das Handelsdefizit der Vereinigten Staaten vergrößerte.

Die Kriegsreparationen, die Deutschland, der Sieger des Ersten Weltkriegs, Frankreich schuldete, blieben jedoch aus, und die USA und Großbritannien arbeiteten bei den Zinssätzen zusammen, indem sie niedrige Zinssätze in den USA und hohe Zinssätze in Großbritannien festlegten, was dazu führte, dass US-Gold nach Großbritannien floss und Frankreich Schwierigkeiten hatte, Gold zu beschaffen.

Diese Faktoren führten schließlich zu einer Verknappung der Goldreserven und zur Abwertung des Franc im Jahr 1936. Insbesondere die 1929 einsetzende Weltwirtschaftskrise führte in den 1930er Jahren zur Aufgabe des Goldstandards, da man der Ansicht war, dass die durch den Goldstandard auferlegte Beschränkung der Geldmenge zur Schwere der Krise beitrug.

Um diese chaotische internationale Währungsordnung, in der der Goldstandard aufgegeben und wieder eingeführt wurde, zu korrigieren, fand 1944, kurz vor Ende des Zweiten Weltkriegs, in Bretton Woods (New Hampshire, USA) eine Konferenz statt, auf der das Bretton-Woods-System entworfen wurde.

Ziel der Konferenz war es, ein neues internationales Währungssystem zu schaffen, das durch die Regulierung der Wechselkurse und die Schaffung eines Rahmens für internationalen Handel und Investitionen wirtschaftliche Stabilität und Wachstum fördern sollte. Im Rahmen des Bretton-Woods-Systems wurde der US-Dollar als Weltreservewährung festgelegt, und andere Währungen wurden zu einem festen Wechselkurs an den US-Dollar gekoppelt.

Der US-Dollar war zu einem festen Kurs von 35 Dollar pro Unze an Gold gekoppelt, und andere Länder als die Vereinigten Staaten banden ihre Währungen an den US-Dollar.

Dieses System sollte für stabile Wechselkurse sorgen und die Inflation begrenzen, da das Währungsangebot an die Goldreserven eines Landes gebunden war.
Das Bretton-Woods-System sollte letztlich die internationale Währungsordnung korrigieren, indem es im Rahmen des Goldstandards Gold an den Dollar und die Währungen aller Länder mit Ausnahme der Vereinigten Staaten an den Dollar koppelte.
Dieses System blieb in Kraft, bis Präsident Nixon 1971 den Goldstandard aufgab, und es diente der Aufrechterhaltung einer effektiven globalen Währungsordnung.

Aufgrund der herausragenden Rolle des Dollars im Bretton-Woods-System war es jedoch schwierig, das System aufrechtzuerhalten, als der Dollar überstrapaziert wurde.

Die überhöhten Kosten des US-Krieges in Vietnam weckten Bedenken hinsichtlich des US-Dollars, und 1971 gaben die USA den Goldstandard im Bretton-Woods-System auf.

Die Abkehr der USA vom Goldstandard war ein allmählicher Prozess, der sich über mehrere Jahrzehnte hinzog.

Im Jahr 1933 erließ Präsident Franklin Roosevelt einen Erlass, der alle Amerikaner dazu verpflichtete, Goldmünzen, Goldbarren und Goldzertifikate im Austausch gegen Papiergeld an die Federal Reserve abzugeben.

Damit wurde der Besitz von Gold für Privatpersonen illegal, und die Regierung konnte ihre Goldreserven erhöhen.

Im Jahr 1934 verabschiedete der Kongress den Gold Reserve Act, der die Regierung ermächtigte, den Goldpreis festzulegen und Papiergeld auszugeben, das nicht durch Gold gedeckt war.

Dies war sehr umstritten, da es der Regierung erlaubte, die Geldmenge zu erhöhen, ohne ihre Goldreserven zu vergrößern.

1944 nahmen die Vereinigten Staaten an der Konferenz von Bretton Woods teil, um ein neues Weltwährungssystem auf der Grundlage des US-Dollars zu schaffen.

In diesem Bretton-Woods-System war der Wert des US-Dollars an Gold zu einem Kurs von 35 Dollar pro Unze Gold gebunden, und andere Währungen waren an den US-Dollar gekoppelt.

1971 sahen sich die USA mit einem langwierigen Vietnamkrieg konfrontiert, der dazu führte, dass vermehrt US-Dollars gedruckt wurden und die Regierung Defizite machte, was zu Inflation und einem Wertverlust des US-Dollars führte.
Gleichzeitig verzeichneten die USA ein großes Handelsdefizit, und im Rahmen des Goldstandards verlangten ausländische Investoren den Umtausch von US-Dollar in US-Gold. Die USA tauschten Dollar gegen Gold und exportierten Gold in großen Mengen.

Als die Goldreserven der US-Regierung zu schwinden begannen, wuchs bei ausländischen Regierungen und Anlegern die Sorge, dass die USA nicht in der Lage sein würden, ihr Versprechen einzulösen, Dollar zu einem festen Kurs von 35 Dollar pro Unze in Gold zu tauschen.
Darüber hinaus begannen viele Wirtschaftswissenschaftler und politische Entscheidungsträger, die Nützlichkeit des Goldstandards als Mittel zur Regulierung der Weltwirtschaft in Frage zu stellen.

Einige argumentierten, dass der feste Wechselkurs zwischen Gold und Papiergeld zu starr sei und die Regierungen daran hindere, eine Geldpolitik zu verfolgen, die zur Stabilisierung ihrer Volkswirtschaften beitragen könnte.

Im August 1971 kündigte US-Präsident Richard Nixon schließlich an, dass die Vereinigten Staaten ihre Verpflichtung zum Umtausch von US-Dollar in Gold zu einem festen Kurs von 35 Dollar pro Unze nicht länger einhalten würden.
Diese Maßnahme beendete das Bretton-Woods-System, das seit dem Ende des Zweiten Weltkriegs in Kraft war, und markierte einen wichtigen Übergang zu Fiat-Währungen.

Seitdem wird der Wert des US-Dollars und anderer Währungen von den Marktkräften und dem Vertrauen der Anleger in die ausgebende Regierung bestimmt. Die Abschaffung des Goldstandards hatte weitreichende Folgen.

Kurzfristig sank der Wert des US-Dollars drastisch, da die Anleger ihre Dollars im Tausch gegen andere Währungen und Waren verkauften.
Langfristig ermöglichte die Abkehr vom Goldstandard der US-Regierung mehr Flexibilität bei der Steuerung der Wirtschaft, da sie nicht mehr an einen

festen, durch Gold gedeckten Wechselkurs gebunden war.

Nachdem die Vereinigten Staaten beschlossen hatten, den Goldstandard aufzugeben, folgten andere Länder diesem Beispiel.
Wechselkurs- und Handelsprobleme mit den USA führten zu einer weltweiten Abkehr vom Gold zugunsten des Dollars, wobei die Akzeptanz des Dollars durch ölproduzierende Länder wie Saudi-Arabien eine große Rolle spielte.

Eine Gesellschaft, in der wirtschaftliche Aktivitäten nur mit einer von der Regierung ausgegebenen Währung abgewickelt werden, die nicht an Gold oder Silber gebunden ist, war lange Zeit das Ideal der Regierungen.

Die Regierungen richteten Zentralbanken ein, um Geld zu emittieren, und wollten eine unbegrenzte Menge an Geld schaffen.

Es war jedoch nicht möglich, ein vollständig gold- oder silbergedecktes (modernes Geldsystem, das nicht gegen Geld einlösbar ist) System einzuführen, da die Menschen in der Wirtschaft den Wert von Papierscheinen oder Kupfermünzen, die nicht durch etwas Wertvolles wie Gold oder Silber gedeckt waren, nicht anerkannten.

Aufgrund von Problemen mit dem Vertrauen in Regierungen und Zentralbanken und den negativen Auswirkungen einer übermäßigen Geldausgabe, die nicht an Gold gebunden war, wie Wertverlust und Inflation, wenn die Kosten aufgrund von Kriegen in die Höhe schnellten, wurde die Konvertierbarkeit von Gold und Silber lange Zeit beibehalten, obwohl die Regierungen sie aufgeben wollten.

In der Geschichte gab es Fälle, in denen der Goldstandard vorübergehend aufgegeben und Greenbacks verwendet wurden, um übermäßige Kriegsausgaben zu bezahlen oder um Probleme mit der Staatsverschuldung zu lösen, wie z. B. Lincolns vorübergehende Aufgabe des Goldstandards und die Verwendung von Greenbacks und John Laws Ausgabe von nicht einlösbaren Banknoten durch die Banque Royale, die französische Zentralbank, aber die Rückkehr zum Goldstandard erfolgte immer schrittweise.

So war die Ankündigung von Präsident Nixon im Jahr 1971, den Goldstandard und die Goldkonvertibilität aufzugeben und ein Geldsystem einzuführen, das ausschließlich durch den Kredit der Regierung gedeckt ist, ein wichtiges Ereignis in der Wirtschaftsgeschichte der Menschheit.
Die Wirtschaftskraft der Vereinigten Staaten wuchs bis zu dem Punkt, an dem der Dollar als Weltreservewährung anerkannt wurde, was bedeutete, dass der

Dollar als ein ebenso wertvolles Tauschmittel wie Gold oder Silber anerkannt wurde.

Es gab jedoch Bedenken, dass der Status des Dollars als Reservewährung die Wahrscheinlichkeit erhöhte, dass die Wirtschaftskrise in den Vereinigten Staaten auf den Rest der Welt übergreifen würde.

Der berühmte Wirtschaftswissenschaftler Keynes war darüber besorgt und plädierte für eine eigene Weltwährung.

Die Abschaffung des Goldstandards konnte die Flut des Fiat-Geldes jedoch nicht aufhalten, und die Verhinderung einer zyklischen Inflation wurde für die Regierungen in aller Welt zu einer Priorität.

Da es sich bei Gold um eine knappe Ressource handelt, war die Geldmenge im Rahmen des Goldstandards begrenzt, was zur Folge hatte, dass die Inflation unterdrückt und sogar eine Deflation ausgelöst wurde.

Die Idee, die Geldmenge durch die Einführung eines Silberstandards oder eines Systems, das den Goldstandard mit einer relativ großen Silberreserve kombiniert, zu erhöhen, ist daher ein ständiger Vorschlag von Regierungsvertretern in Zeiten von Kriegen und anderen kostspieligen Ausgaben gewesen.

In der Vergangenheit gab es jedoch viele Fälle, in denen Kriege zu einem Überangebot an Geld oder zu Blasen führten, die durch Spekulationen mit knappen Ressourcen verursacht wurden, so dass der Goldstandard lange Zeit eine stabile Reservewährung war.

Der Goldstandard wurde jedoch aufgegeben, und die Rolle einer vorsichtigen, mikroprudenziellen Geld- und Zinspolitik sowie von Aufsichtsbehörden ist entscheidend für die Überwindung seiner negativen Auswirkungen geworden.

Die Auswirkungen des Endes des Goldstandards werden von Wirtschaftswissenschaftlern bis heute diskutiert.

Einige argumentieren, dass der Übergang zu Fiat-Währungen zu mehr finanzieller Stabilität und Wirtschaftswachstum beigetragen hat, während andere meinen, dass er die Volatilität und Unsicherheit in der Weltwirtschaft erhöht hat.

Konflikt um die Einführung des Gold- und Silberstandards in China

China praktizierte traditionell ein Geldsystem, das auf dem Silberstandard basierte, der jahrhundertelang weit verbreitet war und auch in anderen Teilen Asiens genutzt wurde.

Der Silberstandard beruhte auf einem festen Wechselkurs zwischen Silber und Papiergeld. In China war der Silbertael die Standardwährungseinheit, und ein Tael (etwa 50 Gramm in der chinesischen Währung von 1959) entsprach einer bestimmten Menge an Banknoten.

Der Wechselkurs zwischen Silbermünzen und Papiergeld wurde von der Regierung festgelegt und war im Allgemeinen stabil und vorhersehbar.

Die Vorteile der Verwendung von Silber als Währung liegen darin, dass es leichter zu trennen ist als Gold, wodurch es für kleinere Transaktionen geeignet ist; es ist in größeren Mengen vorhanden als Gold, wodurch es billiger und leichter zugänglich ist; und es ist leichter zu messen und zu wiegen, wodurch der Wert leichter bestimmt werden kann.

Nachteilig ist, dass Silber weniger haltbar ist als Gold und mit der Zeit korrodieren kann; es ist schwerer als Gold, was den Transport und den Handel erschwert; und da es häufiger vorkommt als Gold, kann sein Wert anfälliger für Inflation und Preisschwankungen sein.

Aufgrund dieser Eigenschaften konnte der Silberstandard mit einfachen Buchhaltungs- und Buchführungspraktiken umgesetzt werden und half vielen Menschen, sich wirtschaftlich zu betätigen.

Gegen Ende des 19. Jahrhunderts stand China vor großen wirtschaftlichen und politischen Herausforderungen, darunter der Niedergang der Qing-Dynastie, der Aufstieg des westlichen Imperialismus und der Zustrom ausländischer Waren und Währungen, und war hin- und hergerissen zwischen dem von den westlichen Mächten favorisierten Goldstandard und dem traditionellen Silberstandard.

Zu dieser Zeit war China ein bedeutender Silberproduzent, und das Land hatte eine lange Tradition in der Verwendung von Silber als Währung. Viele chinesische Beamte waren der Ansicht, dass die Einführung eines Goldstandards für China von Nachteil wäre, da dies zu einem Verfall des Silberpreises und einem Verlust der Wettbewerbsfähigkeit im internationalen Handel führen würde.

China sah sich auch dem Druck der westlichen Mächte ausgesetzt, den Goldstandard als Teil einer wirtschaftlichen und politischen Reformpolitik einzuführen.

Einige chinesische Beamte betrachteten die Einführung des Goldstandards als eine Form des westlichen Imperialismus und waren der Ansicht, dass er Chinas Souveränität und wirtschaftliche Unabhängigkeit untergrub.
Außerdem erforderte der Goldstandard ein hochentwickeltes Banken- und Finanzsystem, über das China zu dieser Zeit nicht verfügte.

Viele chinesische Beamte waren der Ansicht, dass die Einführung des Goldstandards schwierig und kostspielig sein würde und erhebliche Investitionen in neue Infrastrukturen und Technologien erforderte, und zogen es vor, am Silberstandard festzuhalten, anstatt den Goldstandard einzuführen.

Der Konflikt zwischen dem Gold- und dem Silberstandard erreichte Anfang des 20. Jahrhunderts seinen Höhepunkt, als China gezwungen war, zur Finanzierung seiner militärischen und wirtschaftlichen Modernisierung in großem Umfang Kredite bei ausländischen Mächten aufzunehmen.

Die daraus resultierende Schuldenkrise und politische Instabilität dauerte auch nach dem Sturz der Qing-Dynastie und der Gründung der Republik China im Jahr 1912 an.

Im Jahr 1935 führte ein weltweiter Silberpreisverfall zu einer erheblichen Inflation und Währungsinstabilität in China. Daraufhin gab die chinesische Regierung offiziell den Silberstandard auf und führte eine neue Währung, den Yuan, ein.
Da die Inflation und die wirtschaftliche Instabilität jedoch anhielten, experimentierte die chinesische Regierung mit einem Goldstandard. Im Jahr 1935 gründete die chinesische Regierung die chinesische Zentralbank und kündigte an, dass sie den Wert des Yuan künftig mit Gold als Reservewährung unterlegen würde.

Der Yuan wurde zu einem festen Kurs in Gold umgetauscht, und die Zentralbank war für die Anhäufung von Gold zur Sicherung der Währung verantwortlich.

Zwar gelang es dem Goldstandard-Experiment, den Yuan zu stabilisieren und das Vertrauen wiederherzustellen, doch der Mangel an Infrastruktur und Ressourcen zur Unterstützung eines goldbasierten Währungssystems machte das Experiment zu einem Misserfolg, und 1936 gab China den Goldstandard auf und kehrte zum Silberstandard zurück.

Mehrere Faktoren trugen zum Scheitern des Goldstandard-Experiments bei, darunter
1. Unzureichende Goldreserven
China verfügte nicht über genügend Gold, um den Yuan zu stützen, und die Regierung war nicht in der Lage, genügend Gold zu beschaffen, um den Wert des Yuan zu sichern.

2. Fehlende internationale Unterstützung
Das weltweite wirtschaftliche und politische Klima in den 1930er Jahren war für den Goldstandard ungünstig, und China hatte Mühe, von anderen Ländern Unterstützung für seine Währungspolitik zu erhalten.
3. Schwaches Bankensystem
Das chinesische Bankensystem war unterentwickelt und verfügte nicht über die notwendigen Ressourcen und Infrastrukturen, um ein goldbasiertes Währungssystem zu unterstützen.

Nachdem die Kommunistische Partei Chinas 1949 den nationalistischen

Bürgerkrieg gewonnen hatte, wurde das chinesische Währungssystem grundlegend verändert.

Die neue kommunistische Regierung strebte eine zentrale Planwirtschaft an, die ein stark zentralisiertes Geldsystem erforderte.

Dies erforderte die Abschaffung des Silberstandards und die Abschaffung der bis dahin geltenden Währungsreformen.

1955 gab die People's Bank of China eine neue Währung, den Renminbi, heraus, der den alten Yuan ersetzen sollte. Der Renminbi wurde zunächst in Form von Banknoten mit einer Stückelung von 1 Pen bis 1.000 Yuan ausgegeben.

Von diesem Zeitpunkt an war die neue Währung nicht mehr an den Silberstandard gebunden und wurde zu einer Fiat-Währung, d. h. ihr Wert blieb erhalten und schwankte nicht mehr mit den Preisen bestimmter Waren. Die chinesische Regierung konnte eine größere Kontrolle über die Geldmenge ausüben und die Geldpolitik zur Steuerung der Wirtschaft einsetzen.

Im Jahr 1955 wertete die chinesische Regierung auch ihre Währung auf und setzte den Wechselkurs gegenüber dem US-Dollar auf 2,46 Yuan fest. Dies bedeutete eine erhebliche Aufwertung des Yuan und trug dazu bei, die Währung zu stabilisieren und das Vertrauen in das Währungssystem des Landes wiederherzustellen.

1957 begann die chinesische Regierung mit der schrittweisen Abschaffung der Silbermünzen und ersetzte sie durch Münzen aus einer Kupfer-Nickel-Legierung.

Dies trug dazu bei, die Währung vom Silberstandard zu entkoppeln und die Abhängigkeit des Landes von Silber als Rohstoff zu verringern.

Insgesamt war die Abschaffung des Silberstandards in China eine Maßnahme der Kommunistischen Partei Chinas zur Modernisierung und Zentralisierung der chinesischen Wirtschaft.

Die Abkehr vom Silberstandard trug dazu bei, ein stabileres und kontrollierbareres Währungssystem zu schaffen.

Der Konflikt zwischen dem Gold- und Silberstandard in den Vereinigten Staaten und der Zauberer von Oz

Während des Amerikanischen Revolutionskriegs gab die unabhängige Regierung eine Währung aus, um den Krieg zu bezahlen, aber diese wurde aufgrund des mangelnden Vertrauens in die Regierung obsolet und verwendete offiziell ein Gold- und Silbersystem.

Nachdem der erste und zweite Versuch, eine Zentralbank einzurichten und zu stabilisieren, gescheitert waren, änderte der US-Kongress 1834 das Verhältnis von Gold zu Silber von 1:15 auf 1:16, und Gold wurde zum wichtigsten Zahlungsmittel.

Obwohl Präsident Lincoln den Goldstandard kurzzeitig abschaffte und eine Fiat-Währung namens "Greenbacks" verwendete, um Geld für den Bürgerkrieg zu beschaffen, existierten der Goldstandard und der Silberstandard nach dem Bürgerkrieg parallel nebeneinander.

Der Konflikt zwischen dem Gold- und dem Silberstandard in den Vereinigten Staaten war jedoch ein wichtiges wirtschaftliches und politisches Thema im späten 19.
Die Frage des relativen Wertes und des Wechselkurses von Gold und Silber war ein wichtiger Streitpunkt.
Die Befürworter des Goldstandards vertraten die Ansicht, dass Gold stabiler und zuverlässiger sei als Silber und dass es der wichtigste Standard für nationale Währungen sein sollte.

Sie waren auch der Meinung, dass ein zu hoher Silberanteil in einer Währung zu Inflation und wirtschaftlicher Instabilität führen könnte.
Die Befürworter des Silberstandards hingegen vertraten die Ansicht, dass Silber in größerem Umfang vorhanden und leichter zugänglich sei als Gold und daher in größerem Umfang zur Deckung der Währung eines Landes verwendet werden sollte.

Sie glaubten auch, dass die Verwendung von mehr Silber das Wirtschaftswachstum ankurbeln und die Macht der wohlhabenden Eliten, die Goldversorgung zu kontrollieren, verringern würde. Während des späten 19. und frühen 20. Jahrhunderts verwendeten die Vereinigten Staaten sowohl Gold als auch Silber als Grundlage ihrer Währung.

Der Wechselkurs zwischen Gold und Silber wurde per Gesetz festgelegt, was sehr umstritten war.
Als die starken Schwankungen des Gold-Silber-Wechselkurses und die

Ungewissheit über den Wert der Währung zu wirtschaftlicher Instabilität und Ungewissheit führten, verabschiedete der US-Kongress 1873 den Gold Standard Act und stieß damit auf erheblichen Widerstand der Befürworter des Silberstandards.

Im Jahr 1879 führte die US-Regierung die Gold Standard Policy ein, mit der die mit dem Übergang zum Goldstandard verbundenen Probleme gelöst werden sollten. Im Rahmen dieser Politik erklärte sich die Regierung bereit, jeden Monat große Mengen Silber zu kaufen und Silberzertifikate auszugeben, die ebenso wie Goldzertifikate als gesetzliches Zahlungsmittel verwendet werden konnten.

Im Jahr 1900 wurde der Gold Standard Act verabschiedet, der Gold zum alleinigen Standard für Geld machte und die Verwendung von Silber als Standard effektiv beendete.

Als die Goldproduktion und die damit verbundene Geldmenge zurückgingen, setzte eine Deflation ein, die zu einem Preisverfall, insbesondere bei landwirtschaftlichen Erzeugnissen, führte und die Landwirte dazu veranlasste, die Wiedereinführung des Silberstandards zu fordern.

Hier ein Beispiel dafür, wie Landwirte und Schuldner durch die deflationären Auswirkungen des Goldstandards geschädigt wurden.

Nehmen wir an, dass ein Weizenfarmer in den Vereinigten Staaten im Jahr 1895 10.000 Dollar an landwirtschaftlichen Gewinnen erwirtschaftete, einen Kredit von 4.000 Dollar abzahlte und 6.000 Dollar in der Tasche behielt.

Wenn wir davon ausgehen, dass die Goldproduktion im Jahr 1896 zurückgeht und damit das Angebot an Dollars im Rahmen des Goldstandards sinkt, würden wir erwarten, dass der Wert des Dollars steigt und die Preise für landwirtschaftliche Erzeugnisse sinken, wodurch die landwirtschaftlichen Gewinne auf 9.000 Dollar sinken.

Der Kredit von 4.000 Dollar bliebe jedoch unverändert, und der Landwirt hätte ein Nettoeinkommen von 5.000 Dollar.
Ein paralleles Währungssystem mit einem Silberstandard, der das Angebot an Silber neben dem knappen Gold erhöht, könnte jedoch vor Deflation schützen oder eine Inflation verursachen und die Rentabilität der landwirtschaftlichen Erzeugnisse erhöhen.
Der Landwirt könnte mehr von seinem Nettoeinkommen behalten, weil die Währung weniger wert wäre und seine Gewinne steigen würden, aber seine Schulden würden unverändert bleiben.

Wenn nicht mehr, so kann er zumindest erwarten, nicht weniger Nettoeinkommen zu haben als im Vorjahr. Aus diesem Grund lehnten die Bauern den Goldstandard, der zu Deflation führte, zugunsten des Bimetallismus ab, einem System, in dem sowohl der Gold- als auch der Silberstandard kompatibel sind.

Die Idee eines Silberstandards, bei dem das Geld auf dem zunehmend reichlich vorhandenen Silber statt auf dem weniger reichlich vorhandenen Gold basieren würde, wurde unter den Landwirten, deren Einkommen aufgrund der Deflation gesunken war, populär, und es traten immer mehr Präsidentschaftskandidaten auf, die für einen Silberstandard eintraten.

Im Jahr 1896 sprach sich William Jennings Bryan während seiner Präsidentschaftskampagne für einen Silberstandard aus.
Mit der Behauptung, der Goldstandard sei ein "Kreuz aus Gold", das die Menschheit unterdrücke, setzte sich Bryan für einen Silberstandard ein, während andere konservative Präsidentschaftskandidaten am Goldstandard festhielten.

Zu dieser Zeit hatten die Vereinigten Staaten den Goldstandard eingeführt, was bedeutete, dass die Währung des Landes an den Goldstandard gebunden war. Viele Unternehmen und Finanziers unterstützten den Goldstandard, weil sie glaubten, dass er für wirtschaftliche Stabilität sorgte und ihre Interessen schützte.

Bryan, ein junger demokratischer Politiker aus Nebraska, befürwortete den Silberstandard und entwickelte sich zu einem starken Verfechter der Interessen der Farmer und anderer amerikanischer Arbeiter.

Seine berühmte "Cross of Gold"-Rede auf dem Nationalkonvent der Demokraten 1896 erregte die Aufmerksamkeit der Nation und steigerte seine Popularität.
Seine berühmte "Cross of Gold"-Rede ist bekannt als leidenschaftliche Verteidigung des Bimetallismus, eines Währungssystems, das die freie Prägung von Gold und Silber ermöglicht.

In dieser Rede argumentierte Bryan, dass der von den Vereinigten Staaten 1873 eingeführte Goldstandard zu einer Deflationsspirale geführt hatte, die Landwirten und anderen Schuldnern schadete.

Durch die Beschränkung der Geldmenge und die Bindung des Wertes des US-Dollars an das Gold habe die Regierung ihre Gläubiger auf Kosten der Schuldner bereichert.
Die Lösung für dieses Problem, so Bryan, sei die Ausweitung der Geldmenge, indem die freie Prägung von Silber in einem festen Verhältnis zum Gold erlaubt werde.

Bryans Rede enthielt den berühmten Satz "Ihr sollt die Menschheit nicht an einem goldenen Kreuz kreuzigen", der zu einer Parole für die Befürworter des Goldstandards wurde.

Er argumentierte, dass der Goldstandard ein Instrument der Reichen und

Mächtigen sei, um ihre wirtschaftliche Vorherrschaft über den Rest der Gesellschaft aufrechtzuerhalten. Er forderte die Demokratische Partei auf, sich den Goldstandard zu eigen zu machen, um wirtschaftliche Gerechtigkeit und Gleichheit zu fördern.

Obwohl Bryan in jenem Jahr bei der Nominierung der Demokraten für die Präsidentschaftskandidatur keinen Erfolg hatte, trug seine Rede dazu bei, die Frage des Goldstandards populär zu machen, und ebnete schließlich den Weg für die Verabschiedung des Gold Standard Act von 1900. Die Rede gilt als eine der symbolträchtigsten und einflussreichsten in der amerikanischen Politikgeschichte.

Obwohl Bryan mit erheblichem Widerstand seitens der Wirtschaft und der Republikanischen Partei konfrontiert war, fand seine Botschaft bei vielen Amerikanern Anklang, insbesondere in den landwirtschaftlichen Zentren des Mittleren Westens und des Südens.

Er führte einen energischen Wahlkampf, bereiste das Land, sprach vor großen Menschenmengen und mobilisierte die Unterstützung der Bevölkerung. Obwohl Bryan viel Unterstützung aus der Geschäftswelt erhielt, verlor er gegen William McKinley, der über weitaus mehr finanzielle Mittel verfügte.

Der Zauberer von Oz ist ein fiktives Werk, das von William Baum vor dem Hintergrund dieser politischen Debatten geschrieben wurde. In Der Zauberer von Oz verwendet Frank Baum verschiedene Figuren und Symbole, um die politischen und wirtschaftlichen Probleme der damaligen Zeit darzustellen, darunter den Konflikt zwischen dem Gold- und dem Silberstandard.

Hier ein kurzer Überblick über die Handlung
Es war einmal ein Mädchen namens Dorothy, das in einem einsamen Haus inmitten einer weiten Ebene lebte. Eines Tages wehte ein Tornado, ein großer Wirbelwind, ihr Haus in das Land Oz, und Dorothy beschloss, den Großen Zauberer der Smaragdstadt zu besuchen, um den Weg zurück nach Hause zu finden.

Auf ihrem Weg traf sie die Vogelscheuche, die klug sein wollte, den Blechmann, der ein Herz brauchte, und den Feigen Löwen, und gemeinsam gingen sie zum Zauberer von Oz.

Der Zauberer von Oz erklärte sich bereit, ihnen all ihre Wünsche zu erfüllen, wenn sie die böse Hexe des Westens besiegen könnten.

Unterwegs wurden sie von Wölfen und Bienen angegriffen, aber Dorothy und ihre Freunde arbeiteten zusammen, um die Böse Hexe des Westens zu besiegen und in die Smaragdstadt zurückzukehren.

Der Zauberer von Oz belohnte die Vogelscheuche mit einem Gehirn, den Blechmann mit einem Herzen und den Löwen mit Mut.
Und Dorothy konnte sicher nach Hause zurückkehren, dank des Absatzes ihres silbernen Schuhs.

『Der Zauberer von Oz auf der Bühne (Quelle: Wikimedia Commons)』

In Der Zauberer von Oz steht Oz für die Unze, die Maßeinheit für das Wiegen von Gold und Silber, Dorothy für den amerikanischen Durchschnittsbürger und die kopflose Vogelscheuche für die Bauern, die unter dem Goldstandard zu leiden hatten.

Der Blechmann ohne Herz steht für die Autoarbeiter, die unter dem Goldstandard litten, und der Löwe ohne Mut steht für die politischen Führer, denen der Mut fehlte, etwas zu unternehmen und das System zu ändern.

Der Wirbelwind im Westen steht für den Bimetallismus im amerikanischen Westen, während die gelbe Ziegelsteinstraße, auf der Dorothy mit ihren silbernen Schuhen geht, für den Goldstandard und ihre silbernen Schuhe für den Silberstandard stehen.

Die Böse Hexe des Ostens und die Böse Hexe des Westens beziehen sich beide auf politische Kräfte, die sich der Kombination der beiden Gold- und Silberstandards zu jener Zeit widersetzten. Dorothy trägt ihre silbernen Schuhe, um Bauern, Arbeitern und anderen auf ihrer Reise zum Sieg über die bösen Hexen zu helfen.

Die gute Hexe sagt: "Die silbernen Schuhe, die du trägst, werden dich über die Wüste bringen". Dies ist eine Anspielung auf das Thema, dass der Silberstandard zusammen mit dem Goldstandard das Land durch die Rezession und Deflation bringen wird.

Im Rahmen des Goldstandards wurden die deflationären Probleme, die durch die fehlende Goldproduktion verursacht wurden, durch die Erschließung von Goldminen in Südafrika und Alaska einigermaßen gelöst, und der Goldstandard wurde wieder eingeführt. Er blieb bis zur Abschaffung des Goldstandards durch Präsident Nixon im Jahr 1971 in Kraft.

Wie der Dollar zur Reservewährung wurde

Die Entwicklung des US-Dollars zur Reservewährung begann im späten 19. und frühen 20. Jahrhundert, beschleunigte sich aber während des Ersten und Zweiten Weltkriegs. Die Vereinigten Staaten traten in beiden Weltkriegen als wirtschaftlich und militärisch überlegene Macht auf, und ihre Währung wurde zunehmend im internationalen Handel und Finanzwesen verwendet.

Während des Ersten Weltkriegs waren die Vereinigten Staaten ein wichtiger Gläubiger der Alliierten und gewährten Kredite und finanzielle Unterstützung, um die Kriegsanstrengungen zu unterstützen. Dies führte zu einer verstärkten Verwendung des US-Dollars im internationalen Handel, da er als stabiles und zuverlässiges Zahlungsmittel angesehen wurde.

Nach dem Ersten Weltkrieg entwickelten sich die Vereinigten Staaten zu einem wichtigen Gläubiger, da Länder auf der ganzen Welt große Mengen an Geld von amerikanischen Banken und Investoren liehen. Da sie Dollar benötigten, um ihre Schulden zu begleichen, musste die Nachfrage nach US-Dollars im internationalen Finanzwesen steigen.

Dieser Prozess setzte sich während des Zweiten Weltkriegs fort, als die Vereinigten Staaten die Alliierten erneut finanziell und militärisch unterstützten und nach dem Krieg zur wirtschaftlichen und militärischen Supermacht aufstiegen. Die Stellung des US-Dollars auf dem Goldstandard wurde auf der Konferenz von Bretton Woods 1944 weiter gefestigt, als der Wert des Dollars als fester, durch Gold gedeckter Wechselkurs festgelegt wurde.

Und als die US-Hilfsprogramme begannen, den Krieg wiederaufzubauen, und die USA zum größten Investor in europäische und asiatische Hilfsprogramme sowie in weltweite Hilfsprogramme wurden, wurde der Dollar zu einem globalen Angebot.

Der Dollar wurde auch zur Bezahlung von Öl verwendet, und als die weltweite Nachfrage nach Öl stieg, nahm auch das Angebot an Dollar zu, und keine andere Währung konnte den Dollar bedrohen.

Der US-Dollar hat sich aus folgenden Gründen zur Reservewährung entwickelt

Wirtschaftliche Stärke

Die Vereinigten Staaten gingen aus dem Ersten und Zweiten Weltkrieg als weltweit führende Wirtschaftsmacht hervor, und ihre wachsende Wirtschaft war in der Lage, die Verwendung des US-Dollars im internationalen Handel und Finanzwesen zu unterstützen.

Aufgrund ihrer überwältigenden Wirtschaftskraft waren sie der größte Geber für Wiederaufbau- und Hilfsprogramme in der Nachkriegszeit und machten den Dollar zu einer globalen Währung.

Die USA haben derzeit auch das größte Handelsdefizit der Welt, was bedeutet, dass sie die meisten Waren aus anderen Ländern als den USA in die USA exportiert haben und diese Länder im Gegenzug Dollar erhielten.

Dies führt dazu, dass der Dollar die am meisten zirkulierende und verwendete Währung der Welt ist.

Politische Stabilität

Die Vereinigten Staaten gelten als stabiles und zuverlässiges Land mit starken politischen Institutionen, Rechtsstaatlichkeit und einem Bekenntnis zum Kapitalismus. Dies hat den US-Dollar zu einer vertrauenswürdigen Währung für internationale Transaktionen gemacht.

Politische Stabilität ist ein sehr wichtiger Faktor für eine Reservewährung. In einigen politisch instabilen Ländern haben die Wechselkurse stark geschwankt.

Im Falle der Vereinigten Staaten hat der Kongress die Befugnis, über das Schuldenlimit der Bundesregierung abzustimmen, und es hat Fälle gegeben, in denen die Bundesregierung aufgrund von Konflikten mit dem Kongress geschlossen wurde.

Dies führte zu einer Herabstufung der Kreditwürdigkeit der USA und zu einem Anstieg von Risikoindikatoren wie CDS (Credit Default Swap).

Dies ist ein Beispiel dafür, wie sich politische Instabilität auf die Stabilität einer Währung auswirken kann.

Militärische Macht
Die Vereinigten Staaten sind seit dem Zweiten Weltkrieg zur weltweit führenden Militärmacht aufgestiegen und haben sich als Polizeistaat der Welt etabliert.

Das Bretton-Woods-System
Das auf der Konferenz von Bretton Woods eingeführte System fester Wechselkurse trug dazu bei, die Rolle des US-Dollars als Reservewährung zu festigen, da es einen stabilen Rahmen für den internationalen Handel und das Finanzwesen bot.

Durch die Festlegung des Wechselkurses zwischen dem US-Dollar und Gold sowie des Wechselkurses des Dollars zu den Währungen anderer Länder erkannte das Bretton-Woods-System den Status des Dollars als Reservewährung formell an.

Das Petrodollar-System

Am 17. Oktober 1973 hielt Henry Kissinger eine Rede bei einem Mittagessen im National Press Club in Washington, DC. Die Rede fand zu einem entscheidenden Zeitpunkt in der weltweiten Ölkrise statt, die durch das Ölembargo gegen Länder ausgelöst wurde, die Israel im Jom-Kippur-Krieg unterstützten.

In seiner Rede erkannte Kissinger den Ernst der Lage und rief zu umfassenden diplomatischen Bemühungen zur Lösung der Krise auf. Er betonte, wie wichtig es sei, eine militärische Konfrontation in der Region zu vermeiden und eine friedliche Lösung zu finden.

Kissinger wies auch auf den Mangel an wirtschaftlicher und politischer Stabilität im Nahen Osten als Grund für die Krise und die Notwendigkeit hin, diesen zu beheben.

Er schlug eine langfristige Lösung vor, bei der die Vereinigten Staaten mit anderen Industrienationen zusammenarbeiten würden, um den ölproduzierenden Ländern der Region wirtschaftliche Hilfe und Unterstützung zu gewähren.

Der wichtigste Teil von Kissingers Rede war jedoch sein Vorschlag für ein neues internationales Währungssystem, das auf dem Wert des Öls basiert. Er schlug vor, den Ölpreis in einer stabilen Währung wie dem US-Dollar zu berechnen und die Überschüsse der ölproduzierenden Länder in US-Banken anzulegen.

Im Oktober 1973 hielt US-Außenminister Henry Kissinger eine Reihe geheimer Treffen mit den Führern der wichtigsten Erdöl produzierenden Länder im Nahen Osten ab.
Anlass für diese Treffen war das Ölembargo der Organisation erdölexportierender Länder (OPEC), das als Reaktion auf die Unterstützung Israels durch die USA im Jom-Kippur-Krieg, dem vierten Nahostkrieg, verhängt worden war.

Bei dem Treffen schlug Kissinger vor, dass die ölproduzierenden Länder ihr Öl in Dollar bezahlen und ihre überschüssigen Gewinne in US-Banken hinterlegen sollten.
Im Gegenzug boten die Vereinigten Staaten an, die ölproduzierenden Länder militärisch zu schützen und ihre Sicherheit vor äußeren Bedrohungen zu garantieren - ein Vorschlag, der als Petrodollar-System bekannt wurde.

Hinter diesem Vorschlag stand die Überlegung, dass die USA den Wert des Dollars gegen die durch den Vietnamkrieg und andere Faktoren verursachte Inflation aufrechterhalten mussten. Zu dieser Zeit war der US-Dollar international die vorherrschende Währung und wurde zur Abwicklung der meisten internationalen Transaktionen verwendet.

Die Staats- und Regierungschefs der ölproduzierenden Länder erkannten den Vorschlag an und stimmten ihm zu, da er eine stabile Einkommensquelle für ihre Volkswirtschaften darstellen würde.

Die Vereinbarung, das Öl in Dollar zu bezahlen und die überschüssigen Einnahmen in US-Banken anzulegen, war sowohl für die Vereinigten Staaten als auch für die ölproduzierenden Länder ein Gewinn für beide Seiten. Die Vereinigten Staaten behielten ihren wirtschaftlichen und politischen Einfluss im Nahen Osten, und die ölproduzierenden Länder erhielten eine stabile Einkommensquelle und Zugang zu den US-Finanzinstituten.

Die Ölproduzenten des Nahen Ostens stimmten Kissingers Vorschlag für ein neues internationales Währungssystem auf der Grundlage des Ölpreises zu, da dies eine stabile Einnahmequelle und Zugang zu den US-Finanzinstituten bot.
Indem sie den Preis des weltweit nachgefragten Öls an den Dollar koppelten, konnten die Vereinigten Staaten eine stetige Nachfrage nach ihrer Währung sicherstellen und mehr Dollars drucken, ohne sich um die Inflation sorgen zu müssen.

Die Entscheidung für das Petrodollar-System hatte mehrere Auswirkungen.

Erstens stärkte sie die Position der Vereinigten Staaten als globale Wirtschafts- und Militärmacht.

Durch die Sicherung des Petrodollarsystems konnten die Vereinigten Staaten die Stabilität des globalen Finanzsystems aufrechterhalten und ihre Interessen im Nahen Osten schützen.

Zweitens stimulierte das Petrodollar-System die US-Wirtschaft, indem es eine konstante Nachfrage nach Dollar schuf.

Diese Nachfrage nach Dollars ermöglichte es den USA, ihr Haushaltsdefizit und ihre Handelsungleichgewichte ohne Inflationsdruck auszugleichen.

Drittens hatte das Petrodollar-System auch große Auswirkungen auf die ölproduzierenden Länder im Nahen Osten. Indem sie ihr Öl in Dollar bezahlten und überschüssige Gewinne in US-Banken deponierten, wurden diese Länder immer abhängiger von den Vereinigten Staaten und anfälliger für Veränderungen in der wirtschaftlichen und politischen Politik der USA.

Die damalige geopolitische Lage in Verbindung mit der durch das Ölembargo der Organisation erdölexportierender Länder (OPEC) verursachten weltweiten Energiekrise ermöglichte es Kissinger, seinen Vorschlag zu unterbreiten, der den Grundstein für ein Petrodollarsystem legte, das sicherstellen sollte, dass der US-Dollar die vorherrschende internationale Währung blieb und es den Vereinigten Staaten ermöglichte, ihren wirtschaftlichen und politischen Einfluss im Nahen Osten zu wahren.

Netzwerkeffekte

Nachdem der US-Dollar für internationale Transaktionen weithin akzeptiert wurde, führte dies zu Netzwerkeffekten, die ihn für andere Länder und Unternehmen attraktiver machten und seine Verwendung weiter steigerten.

Ein spezifisches Beispiel für einen Netzwerkeffekt, der die Verwendung des US-Dollars bei internationalen Transaktionen erhöhte, war die Rolle des Dollars auf den globalen Rohstoffmärkten.

Da die Preise von Rohstoffen wie Öl und Gold in US-Dollar angegeben werden, mussten Länder und Unternehmen auf der ganzen Welt Dollar halten, um diese Rohstoffe zu kaufen.

Als immer mehr Länder und Unternehmen begannen, den US-Dollar für Rohstofftransaktionen zu verwenden, wurde es für andere Länder und Unternehmen attraktiver, Dollar zu halten, was zu einem Netzwerkeffekt führte.

Dies wiederum führte zu einer weiteren Zunahme der Verwendung des US-Dollars im globalen Handel und Finanzwesen.

Wenn beispielsweise ein Land wie Japan Öl von Saudi-Arabien kaufen möchte, benötigt es US-Dollar, um das Öl zu bezahlen, auch wenn es kein Öl in den USA produziert oder handelt.

Dies schafft eine Nachfrage nach dem US-Dollar und stärkt die Position des Dollars als internationale Währung.

Da immer mehr Länder und Unternehmen den US-Dollar für internationale Transaktionen verwendeten, wurde es für andere Länder und Unternehmen attraktiver, dasselbe zu tun, wodurch ein sich selbst verstärkender Kreislauf entstand.

Diese Netzwerkeffekte trugen dazu bei, die Dominanz des US-Dollars in der Weltwirtschaft aufrechtzuerhalten, und verliehen den USA erhebliche wirtschaftliche und politische Macht.

Der Aufstieg des US-Dollars zur Reservewährung war ein komplexer und vielschichtiger Prozess, der durch wirtschaftliche, politische und militärische Faktoren sowie durch institutionelle Rahmenbedingungen wie das Bretton-Woods-System vorangetrieben wurde.

Die Stellung des Dollars als Reservewährung war jedoch nicht immer sicher. Sowohl der Yen als auch der Euro wurden als potenzielle Herausforderer des US-Dollars als Reservewährung in der Weltwirtschaft angesehen.

Auch die chinesische Währung, der Renminbi, gewinnt als internationale

Währung zunehmend an Bedeutung, ist aber noch nicht frei konvertierbar und wird im globalen Handel und Finanzwesen nicht in großem Umfang verwendet.

Hier sind einige konkrete Beispiele dafür, wie diese Währungen die Position der USA als Reservewährung bedrohen.

Der Yen

Vor den 1990er Jahren boomte die japanische Wirtschaft und japanische Exporte dominierten den US-Markt. Einige Länder verwendeten sogar den Yen als Reservewährung anstelle des US-Dollars, um ihre Industrien zu schützen.

So kündigte Saudi-Arabien 1989 an, dass es Öl in Yen bezahlen würde. Dies stellte eine erhebliche Bedrohung für die Vorherrschaft des US-Dollars in der Weltwirtschaft dar. Die Entwicklung des Yen als Ölhandelswährung war jedoch aus den folgenden Gründen begrenzt.

Erstens war der Yen zu dieser Zeit keine frei konvertierbare Währung, so dass er im globalen Handel und Finanzwesen nicht allgemein akzeptiert wurde. Dies schränkte die Möglichkeiten anderer Länder ein, den Yen als Reservewährung zu halten und ihn für den Handel mit anderen Ländern zu verwenden.

Zweitens war die japanische Zentralbank, die Bank of Japan, besorgt über die möglichen Auswirkungen einer Yen-Aufwertung auf die exportorientierte japanische Wirtschaft.

Als Reaktion auf die saudische Entscheidung intervenierte die Bank of Japan auf dem Devisenmarkt, um die Wettbewerbsfähigkeit der japanischen Exporte zu stärken und den Yen schwach zu halten. Dadurch wurde die Attraktivität des Yen als Reserve- und Handelswährung eingeschränkt.

Drittens reagierten die Vereinigten Staaten auf die saudische Entscheidung, indem sie ihre militärische Präsenz im Nahen Osten verstärkten und ihre Beziehungen zu Saudi-Arabien ausbauten. Dies stärkte die Bedeutung der Vereinigten Staaten als strategischer Partner Saudi-Arabiens und schränkte das Potenzial des Yen ein, den US-Dollar bei Öltransaktionen zu ersetzen.

Nachdem Saudi-Arabien 1989 zunächst angekündigt hatte, Yen-Zahlungen zu akzeptieren, beschloss es schließlich, wieder den US-Dollar als Hauptwährung für Ölzahlungen zu verwenden.

Grund dafür war die Tatsache, dass der US-Dollar nach wie vor die vorherrschende Währung im globalen Handel und Finanzwesen ist und der

Yen als internationale Währung nicht weithin akzeptiert wurde. Derzeit wird der Yen nicht für Ölzahlungen verwendet.

Der Euro

Als der Euro 1999 eingeführt wurde, galt er als potenzieller Konkurrent des US-Dollars.

Der Euro wurde schnell zur zweithäufigst gehandelten Währung der Welt, und sein Anteil an den weltweiten Devisenreserven ist stetig gestiegen.

Im Jahr 2000 betrug der Anteil des Euro an den weltweiten Devisenreserven etwa 18 %, während der Anteil des US-Dollars bei 71 % lag.

Bis 2020 war der Anteil des Euro auf etwa 20 % gestiegen, während der Anteil des US-Dollar auf etwa 60 % gesunken war.

Der Aufstieg des Euro als globale Währung ist auf die wachsende Bedeutung der Europäischen Union als Handelsblock und politische Kraft sowie auf den Status des Euro als stabile Währung zurückzuführen.

Es gibt jedoch mehrere Gründe, warum er den US-Dollar als Reservewährung im globalen Finanzsystem noch nicht ablösen konnte.

Einer der wichtigsten Gründe dafür ist die vergleichsweise Unterlegenheit des Systems und der Liquidität der US-Finanzmärkte.

Die USA haben die größte Wirtschaft der Welt und das am weitesten entwickelte Finanzsystem mit umfangreichen und liquiden Märkten für Aktien, Anleihen und andere Finanzinstrumente.

Die Stabilität und Glaubwürdigkeit des US-Finanzsystems machen den US-Dollar attraktiv.

Die Eurozone hingegen hat eine relativ kleine Wirtschaft und weniger entwickelte Finanzmärkte.

Die Europäische Zentralbank (EZB) ist eine relativ neue Zentralbank, die 1998 gegründet wurde, und der Euro hat noch nicht das gleiche Vertrauen wie der US-Dollar erlangt.

Ein weiterer Faktor ist der geopolitische und wirtschaftliche Einfluss der Vereinigten Staaten. Die USA sind eine globale Supermacht mit erheblichem militärischem und wirtschaftlichem Einfluss auf der ganzen Welt, was dem US-Dollar eine einzigartige Stellung im internationalen Handel verleiht.

Die Eurozone hingegen besteht aus mehreren Ländern mit unterschiedlichen wirtschaftlichen und politischen Interessen, was es schwierig macht, ein kohärentes und einheitliches finanzpolitisches Konzept zu entwickeln.

Schließlich ist da noch das Problem der Staatsschuldenkrise in der Eurozone, die 2009 begann und die Schwächen und Anfälligkeiten des Finanzsystems der Eurozone offenlegte.

Dies hat das Vertrauen in den Euro untergraben und die Anleger vorsichtiger gemacht, große Mengen an Euro zu halten.

Der Euro ist zwar eine wichtige Währung im globalen Finanzsystem, hat aber noch nicht die Dominanz des US-Dollars als Reservewährung erreicht.

Der Yuan

China hat sich in den letzten Jahren bemüht, die globale Verwendung des Yuan zu erhöhen.

Im Jahr 2016 wurde der Yuan in den Reservewährungskorb des Internationalen Währungsfonds (IWF) aufgenommen, wodurch er als internationale Währung legitimiert wurde.

China hat sich auch für die Verwendung des Yuan als Zahlungsmittel für Öl eingesetzt. China ist der weltweit größte Importeur von Rohöl und hat die Verwendung des Yuan im internationalen Handel verstärkt, um seine Abhängigkeit vom US-Dollar zu verringern.

2018 führte China einen auf Yuan lautenden Rohöl-Terminkontrakt ein, den ersten Terminkontrakt, der in Yuan notiert und an einer großen internationalen Börse gehandelt wird.

Und es weitet seine Reichweite schrittweise aus, indem es Russland erlaubt, den Yuan als Abrechnungswährung für sein Rohöl zu verwenden.

China hat auch mit anderen Ländern, darunter Russland, Malaysia und Südkorea, Währungs-Swap-Vereinbarungen unterzeichnet, die es ihnen ermöglichen, direkt mit China zu handeln und dabei den Yuan statt des Dollars zu verwenden.

Im Jahr 2021 werden schätzungsweise 60 % der weltweiten Devisenreserven in Dollar und nur noch 2 % in Yuan gehalten werden.
Um die Verwendung seiner Währung im internationalen Handel zu fördern, hat China zahlreiche Kredite an Länder mit mittlerem Einkommen und unterentwickelte Länder, darunter auch afrikanische Länder, vergeben.

Diese Strategie ist Teil von Chinas Politik, den Yuan als globale Reservewährung zu fördern und seine Abhängigkeit vom US-Dollar im internationalen Handel zu verringern.
Um die Führung bei Infrastrukturprojekten und anderen Entwicklungsmaßnahmen zu übernehmen, vergibt China über mehrere Finanzinstitute, darunter die China Development Bank und die Export-Import Bank of China, Kredite an andere Länder.

Diese Kredite lauten häufig auf Yuan, und auf diese Weise versucht das Land, die internationale Verwendung der Währung auszuweiten.
Obwohl der Euro, der Yen und der Yuan hart daran gearbeitet haben, Teil der Ölabrechnungswährungen zu werden, die maßgeblich dazu beigetragen haben, dass die USA den Status einer Reservewährung erlangt haben, entfallen immer noch rund 90 % der weltweiten Öltransaktionen auf den US-Dollar.

Neben dem US-Dollar verwendet Russland jedoch auch den Euro und den chinesischen Yuan, um seine Ölexporte zu bezahlen, und der Iran verwendet aufgrund der US-Sanktionen, die seinen Zugang zum US-Finanzsystem einschränken, auch Nicht-Dollar-Währungen wie den Euro und die indische Rupie, um seine Ölexporte zu bezahlen.

Während diese Währungen die Position der USA als Reservewährung bedrohen, bleibt der US-Dollar die dominierende Währung in der Weltwirtschaft.
Im Jahr 2021 werden etwa 60 % der weltweiten Devisenreserven in US-Dollar gehalten, und etwa 40 % des Welthandels werden in US-Dollar abgewickelt.

Der Unterschied zwischen Spekulation und Investition

Spekulation ist die Beteiligung an riskanten Finanztransaktionen zur Erzielung von Gewinnen und beinhaltet das Eingehen von Risiken durch den Kauf oder Verkauf von Vermögenswerten wie Aktien, Rohstoffen und Immobilien auf der Grundlage der Annahme, dass ihr Wert in der Zukunft steigen oder fallen wird.

Spekulationen unterscheiden sich von Investitionen insofern, als sie eher auf emotionalen Faktoren wie den aktuellen Marktbedingungen als auf einer rationalen Wertbeurteilung beruhen und Spekulationen eine extreme Form der Risikobereitschaft darstellen, bei der es darum geht, Chancen zu nutzen und große Gewinne zu erzielen, ohne dass man sicher sein kann, zu gewinnen.

Obwohl sowohl das Investieren als auch das Spekulieren mit den Finanzmärkten in Verbindung stehen, haben sie unterschiedliche Ziele, Strategien und Risikobereitschaften.
Hier sind die wichtigsten Unterschiede zwischen den beiden Konzepten

1. Zielsetzung
Beim Investieren geht es um die Erzielung von Gewinnen über einen langen Zeitraum hinweg, während beim Spekulieren schnelle Gewinne in einem relativ kurzen Zeitraum angestrebt werden.

Wer sich beispielsweise an einem diversifizierten Portfolio von Aktien und Anleihen beteiligt, um langfristig stabile Erträge zu erzielen, kann als Investor bezeichnet werden, während eine Person, die spekulative Aktien in der Hoffnung auf einen schnellen Gewinn innerhalb weniger Tage oder Wochen kauft, als Spekulant bezeichnet werden kann.

2. Risiko
Investitionen sind in der Regel mit einem geringeren Risiko verbunden als Spekulationen, da sie in der Regel ein stärker diversifiziertes Portfolio von Vermögenswerten umfassen.

Nach der Theorie der Portfoliodiversifizierung versuchen Anleger, ihr Risiko zu senken, indem sie alles auf einen Korb von Anlagen mit geringer Korrelation setzen, während diejenigen, die spekulative Ziele verfolgen, in kurzer Zeit hohe Renditen erzielen wollen und daher versuchen, sich an eine bestimmte Anlage zu halten.

Wer z. B. in einen Indexfonds investiert, der auf einem Index des gesamten Aktienmarktes basiert, kann eine geringere Volatilität und ein geringeres Risiko aufweisen als jemand, der in eine einzelne risikoreiche Aktie investiert, während die Spekulation wahrscheinlich mit einem höheren Risiko verbunden ist, da jemand mit einer spekulativen Veranlagung auf eine einzelne Aktie oder einen einzelnen Vermögenswert setzt, um einen schnellen Gewinn zu erzielen.

3. Haltedauer vs. Investitionsdauer

Bei Investitionen ist es im Allgemeinen wahrscheinlicher, dass Vermögenswerte über einen längeren Zeitraum gehalten werden als bei Spekulationen, so dass es bei Investitionen wahrscheinlicher ist, dass Vermögenswerte über einen längeren Zeitraum gehalten werden, während es bei Spekulationen wahrscheinlicher ist, dass Vermögenswerte über einen kürzeren Zeitraum gehalten werden.

So kann beispielsweise eine Person, die in jungen Jahren einen bestimmten Geldbetrag auf ein Rentenkonto einzahlt, um für den Ruhestand zu sparen, als investierend betrachtet werden, während eine Person, die Aktien mit der Absicht kauft, in einigen Wochen oder Monaten einen Gewinn zu erzielen, als spekulierend betrachtet werden kann.

4. Information und Analyse

Investitionen erfordern häufig eine gründlichere Analyse von Vermögenswerten und Märkten, während man sich bei Spekulationen eher auf Gerüchte und Intuition verlässt.

Wer in Investmentfonds oder börsengehandelte Indexfonds investiert, stellt in der Regel Nachforschungen über die Bestände, die Wertentwicklung und die Gebühren des Fonds an und berücksichtigt künftige Veränderungen im wirtschaftlichen Umfeld, bevor er investiert. Jemand, der auf eine einzelne Aktie spekuliert, führt jedoch möglicherweise keine gründliche Analyse der Fundamentaldaten der Aktie durch und kauft eine Aktie aufgrund von Gerüchten von Freunden oder seiner Intuition.

Zusammenfassend lässt sich sagen, dass es sowohl beim Investieren als auch beim Spekulieren darum geht, Geld in Finanzanlagen zu investieren, um einen Gewinn zu erzielen, aber sie unterscheiden sich in Bezug auf ihren Zweck, die Höhe des Risikos, die Halte- und Investitionszeiträume und den Umfang der Analyse und Überprüfung.

Geschichte der Spekulation vor dem 17. Jahrhundert

Obwohl das Phänomen der Finanzspekulation, wie wir es heute verstehen, erst mit dem Aufkommen der modernen Kapitalmärkte voll entwickelt wurde, gibt es Beispiele für Spekulation in der Geschichte der Menschheit vor dem 17.

Die frühesten historischen Aufzeichnungen über Finanzspekulationen stammen aus dem 2. Jahrhundert v. Chr. Römische Spekulationen mit den Publicani, den für die Erhebung von Steuern und den Bau von Tempeln zuständigen Regierungsstellen.

Zu dieser Zeit waren die Römer vom Profit besessen, und die Nebenwirkungen der Spekulation ließen viele Bürger verarmen und in seelische Not geraten.

Im 3. Jahrhundert v. Chr. kam es in Thrakien zur ersten Währungskrise der Geschichte.

Nach der Einführung des Kreditsystems stieg die spekulative Nachfrage nach qualitativ hochwertigem Geld, wodurch die Preise in die Höhe schossen und die gesamte Stadt ohne Zugang zu lebensnotwendigen Gütern und Waren dastand.

Beispiele für Spekulationen gab es auch während der Tang-Dynastie (618-907) in China, als die Regierung Papiergeld ausgab, das durch Silbermünzen gedeckt war.

Als die Scheine allgemein akzeptiert wurden, begann ihr Wert mit dem Silberpreis zu schwanken, was zu Spekulationen und Preisschwankungen führte. Irgendwann stürzte der Wert des Papiergeldes ab und verursachte Panik und wirtschaftliches Chaos.

Im mittelalterlichen Europa erzielten Händler Gewinne, indem sie Waren an ihrem Ursprungsort kauften und sie dann an Orten verkauften, an denen sie höhere Preise erwarteten. Diese Art des Handels war als "Arbitrage" bekannt und wurde bei Waren wie Getreide, Gewürzen und Textilien angewandt.

Die Finanzspekulation, wie wir sie heute verstehen, entwickelte sich erst mit der Entwicklung der modernen Kapitalmärkte im 17.

www.ingramcontent.com/pod-product-compliance
Lightning Source LLC
Chambersburg PA
CBHW081429220526
45466CB00008B/2312